E
11/1

Y.6060.
E.I.

Yf
885-888

# PLATÉE,

## BALLET BOUFFON
### EN TROIS ACTES,
Précédé d'un Prologue ;
## REPRÉSENTÉ
## DEVANT LE ROI,
EN SON CHÂTEAU DE VERSAILLES;

Le mercredi 31 mars 1745.

### DE L'IMPRIMERIE
De BALLARD, doyen des imprimeurs du Roi,
seul pour la musique.

M. DCCXLV.

*Par exprès commandement de Sa Majesté.*

*Paroles des Sieurs* HAUTREAU, et VALLOIS.

*Musique du Sieur* RAMEAU.

*Danses du Sieur* LAVAL, *compositeur des Ballets de* SA MAJESTE'.

# ACTEURS.
## DU PROLOGUE.

THESPIS, *Inventeur de la Comédie*,     Le S<sup>r</sup> La Tour.

UN SATIRE,     Le S<sup>r</sup> Benoit.

VENDANGEUSES,     Les D<sup>elles</sup> { Cartou. Dalman.

THALIE,     La D<sup>elle</sup> Fel.

MOMUS,     Le S<sup>r</sup> Albert.

L'AMOUR,     La D<sup>elle</sup> Coupé.

*CHOEURS ET TROUPES de Satires, de Ménades, de Paysans vendangeurs, de leurs Femmes & de leurs Enfans.*

# DIVERTISSEMENS
## DU PROLOGUE.
### SATIRES.

Les Sieurs Dumay, Dupré, Caillez, Feuillade.

### MENADES.

Les Demoiselles Carville, Rabon, Erny, Rosaly.

### PAYSANS VENDANGEURS.

Le Sieur Sandy, La Demoiselle Camargo;
Le Sieur Malter-trois;
Les Sieurs Malter-C., Matignon;
Les Demoiselles S<sup>t</sup> Germain, Courcelle;
Les Sieurs Hamoche, Dangeville, P-Dumoulin;
Les Demoiselles Beaufort, Thiery, Puvigné-mere;
Les Sieurs Duval, Bourgeois;
Les Demoiselles Coraline-C., Gobbé.

# PROLOGUE.

## LA NAISSANCE DE LA COMÉDIE.

Le théâtre représente une vigne de Gréce: On voit plusieurs allées de grands arbres qui soutiennent des treilles: Entre les troncs de ces arbres & au pié des côteaux qui sont sur les côtés & dans le fond, des chariots pleins de raisins, de grandes cuves & des pressoirs d'où coule le vin dans des baignoires antiques. Thespis inventeur de la Comédie, paroit sur le devant du théâtre, endormi sur un lit de gazon: plusieurs vendangeurs sont occupés dans le fond, à porter la vendange dans les cuves.

# PLATÉE,

## SCENE PREMIERE.

THESPIS, endormi, CHOEURS & TROUPES de Satires, de Menades, de Païsans vendangeurs, de leurs Femmes & de leurs Enfans qui entrent en dansant.

### UN SATIRE.

LE ciel répand ici sa plus douce influence,
Bacchus a comblé nos desirs.
Coulés, jus précieux, coulés en abondance,
Vous êtes l'ame des plaisirs.

### CHOEUR.

Coulés, jus précieux, coulés en abondance,
Vous êtes l'ame des plaisirs.

*On danse.*

### LE SATIRE.

Envain l'affreux hiver s'avance,
L'Amour, par vos presens, augmentant sa puissance,
Rend à nos cœurs la saison des Zéphirs,
Vous ranimés nos feux & nos tendres desirs.

### CHOEUR, *Coulés*, &c.

*On danse.*

# PROLOGUE.
## LE SATIRE,
### apercevant THESPIS endormi.

*Que vois-je ? Est-ce Thespis ? Oui, c'est lui qui sommeille,*
*Ce doux jus sur ses yeux fait l'effet des pavots :*
*Doit-il en ce grand jour se livrer au repos,*
*Lui qui chante si bien le grand dieu de la treille ?*

Il s'aproche de THESPIS pour le réveiller.

*Ranimés vos sens assoupis,*
*Réveillés-vous, Chantés, agréable Thespis.*

## LE CHOEUR, *Ranimés,* &c.

## THESPIS, en s'éveillant.

*Rendons grace à Bacchus du someil qu'il nous donne,*
*Qu'il est tranquille ! Qu'il est doux !*

Il se rendort.

## LE SATIRE ET LE CHOEUR,
### autour de THESPIS.

*Thespis, chantés, réveillés-vous.*

## THESPIS, faché.

*Chantons, vous m'y forcés; mais songés qu'en Automne,*
*Dans mes chansons, je n'éparge personne.*

## DEUX VENDANGEUSES.

*Joyeux Thespis, point de courroux.*

## PLATÉE,
## THESPIS.

Je sens qu'un doux transport me saisit & m'inspire.
Charmant Bacchus, dieu de la liberté,
Pere de la sincérité,
Aux dépens des Mortels, tu nous permets de rire.
Mon cœur plein de la vérité,
Va se soulager à la dire :
Dûssai-je être mal écouté.
Charmant Bacchus, &c.

*Il s'adresse aux Ménades.*

Ménades & jeunes & belles,
A vos amans êtes-vous bien fidelles ?
On ne le croit pas parmi nous.

### CHOEUR de Ménades.
Thespis, rendormés-vous.

## THESPIS.

*Il s'adresse aux Satires*

Dignes amans de ces jeunes coquettes,
Invincibles buveurs, tous trompés que vous êtes,
Vous n'aimés pas assés pour en être jaloux.

### CHOEUR de Satires.
Thespis, rendormés-vous.

## THESPIS.

# PROLOGUE.
## THESPIS.

*Il s'adresse à tous.*

*Au milieu d'une Orgie où régne la licence,*
*Ménades, vos secrets sont mal en assurance,*
*On me les a dis presque tous.*

## CHOEUR de Satires & de Ménades.

*Thespis, rendormés-vous.*

---

## SCENE II.
## THALIE, MOMUS,
et les Acteurs de la Scene précédente.

## THALIE, à THESPIS.

*NOn, poursuivez, Thespis, livrez-vous à Thalie :*
*Pour exercer votre aimable folie,*
*Je remets mon masque en vos mains.*

*Elle donne à* THESPIS *le masque qu'elle tient.*

*A vos chants, à vos jeux, rien ne peut faire obstacle.*
*Je viens avec Momus en former un spectacle,*
*Pour corriger les défauts des humains.*

B

## PLATÉE,
### MOMUS.

*Aux seuls humains bornés-vous la satire ?*
*Vous pouvés jusqu'au dieux, étendre son empire ;*
*Je vous prêterai mon appui.*
*La raison dans l'Olimpe est souvent hors d'usage.*
*Hé ! Qui pourroit resister à l'ennui*
*D'être immortel & toujours sage ?*

### MOMUS, THALIE, THESPIS.

*Cherchons à railler en tous lieux,*
*Soumettons à nos ris & le ciel & la terre :*
*Livrons au ridicule une éternelle guerre,*
*N'épargnons ni mortels ni dieux.*

### MOMUS.

*Dans ces lieux, Jupiter lui-même*
*Descendu de sa gravité,*
*Par un risible stratagême*
*Guérit jadis d'une épouse qu'il aime,*
*La jalousie & la fierté.*

*Je veux avec Thespis en retracer l'histoire,*
*La Gréce en garde encor la célébre mémoire.*

# PROLOGUE.

## SCENE III.

### L'AMOUR,
et les Acteurs de la Scene précédente.

### L'AMOUR.

*Qu'ose-t'on sans l'Amour entreprendre ici-bas?*
*Quittés un projet téméraire.*
*Quels sont les jeux qui pourroient plaire*
*Que l'amour n'animeroit pas?*

### THALIE.

*Venés, Amour, guidés nos pas,*
*Soyés toujours notre dieu tutelaire.*

### L'AMOUR.

*Confondons nos jeux & nos ris.*

*Voulés-vous critiquer les feux que je fais naître?*
*Lorsque vous les aurés bien ou mal travestis,*
*Je me réserve après, d'en ordonner en maître:*
*Vous verés qu'à la fin, chacun aura son prix*
*Quand l'Amour se fera connoître.*

PLATÉE,

THESPIS.

*Momus, Amour, Dieu des raisins,*
*Divinités charmantes,*
*Par des leçons réjouissantes*
*Nous corrigerons les humains.*

Il s'adresse à tous les différens Chœurs & Troupes.

*Et vous, heureux témoins d'une union si belle,*
*Montrés, pour la servir ce que peut votre zéle.*

LES ACTEURS, et les CHOEURS.

*Formons un spectacle nouveau.*

*Les Filles de mémoire*
*Publieront à jamais la gloire*
*Des auteurs d'un projet si beau.*

*Formons un spectacle nouveau.*

*Bacchus, c'est ta victoire,*
*Livrons-nous au plaisir de boire,*
*L'hipocrêne est sur ce côteau.*

*Formons un spectacle nouveau.*

*Les Filles de mémoire*
*Publieront à jamais la gloire*
*Des auteurs d'un projet si beau.*

*Formons un spectacle nouveau.*

On danse.

# PROLOGUE.
## THESPIS,
### alternativement avec le CHOEUR.

*Chantons Bacchus,*
*Chantons Momus,*
*Chantons l'Amour & ses flammes,*

*Que tour à tour*
*Dans ce séjour,*
*Ces Dieux remplissent nos ames.*

### SEUL.

*Sans le vin,*
*Sans son yvresse,*
*La tendresse*
*N'est que chagrin.*

### Alternativement avec le CHOEUR.

*Chantons Bacchus,* &c.

### SEUL.

*Veut-on rire ?*
*C'est à Bacchus qu'on a recours,*
*Momus lui dût toujours*
*Son plus charmant délire.*

### Alternativement avec le CHOEUR.

*Chantons Bacchus,* &c.

On danse à toutes les Reprises, et à la fin de ce Chœur, tous se retirent en dansant.

## FIN DU PROLOGUE.

## ACTEURS DU BALLET.

PLATE'E, *Nymphe d'un grand marais au pié du Mont-citheron,* Le S$^r$ Jelyotte.
CITHERON, *Roi de Grece,*   Le S$^r$ Le Page.
JUPITER,   Le S$^r$ De Chaffé.
JUNON,   La D$^{elle}$ Chevalier.
MERCURE,   Le S$^r$ Berard.
IRIS,
MOMUS,   Le S$^r$ Cuvillier.
LA FOLIE,   La D$^{elle}$ Fel.
CLARINE, *Fontaine suivante de* PLATE'E,   La D$^{elle}$ Bourbonnois.
UNE NAYADE, *autre suivante de* PLATE'E,   La D$^{elle}$ Metz.
NAYADES *de la cour de* PLATE'E.
AQUILONS.
*Chœurs suivans de* MOMUS.
*Suivans de la* FOLIE, *d'un caractere gai.*
*Suivans de la* FOLE, *d'un caractere serieux.*
*Satires & Driades.*
*Troupe d'autres Satires.*
*Suivans de* MOMUS *sous la forme des Graces.*
*Chœurs & Troupes d'Habitans de la campagne, de leurs femmes & de leur senfans.*

# DIVERTISSEMENS
## du Ballet.

### PREMIER ACTE.

#### NAYADES, SUIVANTES DE PLATE'E.

Les Demoiselles Dalmand, Le Breton, Carville, Rabon, Herny, Rosalie, Courcelle, Thiery, Beaufort.

#### AQUILONS.

Le Sieur Pitro ;
Les Sieurs Dumay, Dupré, Levoir, Hamoche, Feuillade, De Vice.

### SECOND ACTE.

#### SUIVANS DE LA FOLIE,
*d'un caractere gay.*

Le Sieur Sandy,  La Demoiselle Dalmand,
Le Sieur Laval,  La Demoiselle Puvigné,
Les S<sup>rs</sup> Malter-C., Matignon, Hamoche, Levoir.
La D<sup>elles</sup> S<sup>t</sup> Germain, Courcelle, Beaufort, Thiery.

#### SUIVANS DE LA FOLIE,
*d'un caractere serieux.*

Le Sieur Gherardy ;
Les Sieurs Montservin, Dumay, Dupré, De Vice, Dangeville, F-Dumoulin.

## TROISIE'ME ACTE.
### SATIRES.

Le Sieur Dupré ;
Les Sieurs Dumay, Dupré, Caillez, Feuillade,
Le Sieur de Montfervin.

### DRIADES.

Les Demoifelles Carville, Rabon, Herny, Rofalie.

### SUIVANS DE MOMUS,
*fous la forme des Graces.*

Les Sieurs Gherardy, Pitro, De Vice.

### HABITANS DE LA CAMPAGNE.

La Demoifelle Camargo ;
Le Sieur D-Dumoulin,    La Demoifelle Sallé ;
Les Sieurs Malter-C., Matignon ;
Les Demoifelles S<sup>t</sup> Germain, Courcelle ;
Les Sieurs Hamoche, Dangeville, P-Dumoulin ;
Les D<sup>elles</sup> Beaufort, Thiery, Puvigné mere ;
Le Sieur Laval,    La Demoifelle Puvigné ;
Les S<sup>rs</sup> Duval, Bourgeois, Les D<sup>les</sup> Caroline-C. Gobbé.

PLATE'E.

# PLATÉE,
## BALLET BOUFFON.

## ACTE PREMIER.

Le théâtre qui reste le même pendant tout le Ballet, représente un lieu champêtre ; sur les côtés, sont différens petits Batimens rustiques entre-mêlés d'arbres fort touffus; on voit dans le fond, le Mont-citheron, sur le sommet duquel est un Temple de bacchus; au bas, est un grand Marais plein de rozeaux, entouré de vieux saules.

Le Ciel paroît chargé de nuages, Et de tems en tems l'on entend des coups de vent.

### SCENE PREMIERE.
#### CITHERON.

*Ieux, qui tenés l'Univers, dans vos mains,*
*Voyés les Elemens nous déclarer la guerre :*
   *S'il est de coupables humains,*
   *Punissés-les par le tonnerre,*
    *Et rendés à la terre*
*Le calme & la douceur de ses premiers destins.*

*Mais, je voi Mercure descendre !*
*Mes cris se sont-ils fait entendre ?*
      MERCURE descend du Ciel.

## SCENE II.
### CITHERON, MERCURE.

#### CITHERON.

MErcure, expliqués-nous par quels malheurs nou-
    veaux
Le Ciel nous fait sentir sa vengeance ou sa haine?
Des Aquilons fougueux la dévorante haleine
Menace à chaque instant nos champs & nos côteaux.

#### MERCURE.

D'une cruelle jalousie
La Déesse des airs suit l'aveugle transport;
Pour calmer la fureur dont son ame est saisie,
On fait un inutile effort;
Jupiter s'en impatiente,
Et je lui cherche un doux amusement.

#### CITHERON.

Par quelque feinte ardeur, quelque ruse innocente,
Ne peut-on pas guérir son Epouse aisément?

# BALLET BOUFFON.

*Si Junon paroît implacable,*
*Que d'un nouvel himen il feigne les apprêts;*
*Bientôt il cessera de paroître coupable :*
*Et bientôt leur amour reprendra ses attraits.*

## MERCURE.
*Ce projet est riant. Mercure vous proteste*
*D'en amuser la Cour celeste ;*
*J'en attens un succès heureux.*

## CITHERON.
*Il pourroit devenir funeste.*

*Il est quelquefois dangereux*
*De feindre une amoureuse flâme :*
*C'est un badinage où notre ame*
*S'expose à ressentir de véritables feux.*
*C'est du choix de l'objet.*

## MERCURE.
*Proposés.*

## CITHERON.
*Je le veux.*

PLATÉE,

*Dans un Marais profond, monument du déluge,*
*Qui vit jadis Deucalion,*
*Une Nymphe a fait son refuge*
*Au pié de ce sombre vallon.*

Il montre le Marais.

*Cette Naïade ridicule,*
*Et que de tous les tems a proscrite l'Amour,*
*Sur ses comiques traits aveuglement crédule,*
*Espére chaque jour*
*Que mille amans viendront l'adorer tour à tour.*
*Que Jupiter, feignant de se rendre à ses charmes,*
*Vienne lui proposer un tendre engagement :*
*Informez-en Junon, excités ses allarmes,*
*Nous l'attendrons à l'éclaircissement.*

PLATÉE paroît dans le fond du théâtre.

*Voulés-vous voir l'objet de cette amour nouvelle.*

### MERCURE.

*Je monte aux Cieux où Jupiter m'appelle.*

Il jette un coup d'œil sur PLATÉE.

*C'est à lui de juger d'un objet si charmant.*

Il remonte au ciel. CITHERON se retire.

## SCENE III.
PLATE'E, CLARINE Fontaine sa suivante, CITHERON, à l'écart.

### PLATE'E.

*Que ce séjour est agréable !*
*Qu'il est aimable !*
*Ah, qu'il est favorable,*
*Pour qui veut bien perdre sa liberté !*
*Dis-moi, mon cœur, t'es-tu bien consulté.*
*Ah, mon cœur, tu t'agites !*
*Ah, mon cœur, tu me quittes !*
*Est-ce pour Citheron ? T'a-t'il bien mérité ?*
*Que ce séjour, &c.*

### CLARINE.

*Sur quoi fondez-vous l'esperance*
*Que Citheron se soumette à vos loix ?*

### PLATE'E.

*Sur ce que je le vois,*
*Du plus loin quelque fois,*
*Comme un amant timide, éviter ma présence.*

## PLATÉE,

#### CLARINE.
Quoi ! Devenir sensible...

#### PLATÉE.
Hélas ! Oui, je le crois.

#### CLARINE.
Pour un simple mortel !

#### PLATÉE.
Il faut bien faire un choix :
Où porter ma tendresse ?
Jamais l'amour ne blesse
Nos Dieux dont les cœurs sont si froids.

*Elle apperçoit* CITHERON.

L'Amour, l'Amour avec moi s'intéresse.
Mon amant vient, je l'aperçois.

Habitans fortunés, voisins de ces bocages,
Quittés vos sombres marécages,
Hatés-vous, venés promptement
Vous rassembler sous l'herbe tendre ;
Si l'on ne vous voit pas, qu'on puisse vous entendre
Célébrer cet heureux moment.

Que vos voix m'applaudissent,
Que les airs retentissent ;

## BALLET BOUFFON.

*Chantés & criés tous,*
*Que vos accens s'unissent*
*A ces charmans oiseaux, dont les chants sont si doux.*

On entend le croassement des Grenoüilles & le chant des Coucous, qui continüent pendant tout le Chœur suivant.

### CHOEUR qu'on ne voit pas.

*Que nos voix applaudissent,*
*Que les airs retentissent,*
*Chantons & crions tous,*
*Que nos accens s'unissent ;*
*A ces charmans oiseaux, dont les chants sont si doux.*

## SCENE IV.

### PLATE'E, CLARINE,
CITHERON qui s'est approché.

#### PLATE'E, à CITHERON.

*Quelque douce inquiétude*
*Vous conduit donc en ces lieux ?*

#### CITHERON.

*Non. Je cherche la solitude.*

#### PLATE'E.

*On y peut trouver mieux.*

PLATÉE.
*Il s'y rencontre des Driades,*
*Qui viennent volontiers dans ces lieux écartés,*
*Et jusqu'aux humides Nayades,*
*Tout doit sentir ce que vous méritez.*

CITHERON.
*Oserois-je aspirer à des Divinités ?*
*C'est au respect à m'en defendre.*

PLATÉE.
*On aimeroit autant un sentiment plus tendre :*
*Les discours obligeans sont toujours écoutés.*

*Pour un amant qui sait plaire,*
*Il n'est point de rang trop haut :*
*Dût-il avoir le défaut*
*D'en devenir téméraire.*

CITHERON.
*L'amour audacieux....*

PLATÉE.
*Le vôtre est circonspect.*

CITHERON.
*Il est vrai, je le voi, que chacun vous adore,*
*Et mon profond respect...*

PLATÉE.
*Quoi ! Le respect encore :*
*Qu'il est langoureux ce respect,*
*Hélas ! Qu'il est suspect.*

Suivant de près Citheron.
Je

# BALLET BOUFFON.

*Je m'attendris !*
*Cruel, tu ris !*
*Je vois à tes mines*
*Que tu me devines,*
*Ah ! Ah ! Charmant vainqueur,*
*N'aimes-tu point ? Non, non, tu dédaignes mon cœur.*

*Serois-tu si timide ?*
Irritée des refus obstinés de CITHERON.
*Non. Tu n'es qu'un perfide,*
*Un perfide envers moi.*

Le poursuivant avec fureur.
*Dis donc, dis donc pourquoi ?*
*Quoi ? Quoi ?*
*Dis donc pourquoi ?*

CHOEUR qu'on ne voit pas.
*Quoi ? Quoi ?*
Elle se met à pleurer. MERCURE descend du ciel en traversant le théâtre.

### CITHERON.
*Naïade, appaisés-vous à l'aspect de Mercure :*
*Il descend des cieux, je le voi.*

### PLATE'E.
*Mercure ! Ah ! Se peut-il.*

### CITHERON.
*Sans doute, et j'en augure*

PLATE'E,

*Que quelque Dieu rempli d'amour....*

PLATE'E.

*Quoi ? Quoi ?*

LE CHOEUR caché.

*Quoi ? Quoi ?*

✳✳✳✳✳✳✳✳✳✳✳✳✳✳✳✳✳✳✳✳✳✳✳✳✳✳✳✳✳✳✳✳✳✳✳✳✳✳✳✳✳✳

## SCENE V.
### PLATE'E, CLARINE, CITHERON, MERCURE.

MERCURE, à PLATE'E,
après beaucoup de profondes révérences.

*Déesse qui regnés dans ces Marais superbes,*
*Sur des Sujets sans nombre errans parmi les herbes,*
*Ne trouverés-vous point indigne de vos fers,*
    *Le Dieu qui lance le tonnerre ?*
*Ce Dieu par vos beautés attiré sur la terre,*
*Veut soumettre à vos pieds son cœur & l'univers.*

PLATE'E.

*Le croirai-je, beau Mercure,*
*Que d'une flâme bien pure*
*On brûle pour mes appas ?*
*Puis-je en être assés sûre*
*Pour soûpirer tout bas ?*

BALLET BOUFFON.

MERCURE & CITHERON.

*Platée a mérité cette gloire éclatante.*

CITHERON, à PLATE'E.

*Vous ne blamerés plus une ame indifférente*
*Pour un bonheur qui n'eût pû s'achever.*

*Tout annonçoit en vous la fortune brillante*
*Où l'amour d'un grand Dieu devoit vous élever.*

MERCURE & CITHERON.

*Tout annonçoit en vous la fortune brillante*
*Où l'amour d'un grand Dieu devoit vous élever.*

*Platée a mérité cette gloire éclatante.*

PLATE'E, à MERCURE.

*Mais ce Dieu plein d'ardeur,*
*Pour attaquer mon cœur,*
*Se fait longtems attendre?*

MERCURE.

*Il va se rendre,*
*Et bientôt, près de vous.*

Quelques éclairs annoncent l'orage.

D ij

PLATÉE,

*Le ciel qui s'obscurcit m'en donne le présage;*
*La Déesse des airs y signale sa rage,*
*Mais rien n'arrête son Epoux.*

PLATÉE.

*Je crains peu son courroux,*
*Dans mon humide Empire on crie après l'orage.*

*Annonçons ce beau jour,*
*Aux Nymphes de ma Cour.*

*Quittés, Nymphes, quittés vos demeures profondes;*
*Un torrent des célestes ondes*
*Est prêt d'inonder ces climats.*

*Et vous, Junon, pleurés, arrosés mes Etats.*

*Quittés, Nymphes, quittés vos demeures profondes;*
*Un torrent des célestes ondes*
*Est prêt d'inonder ces climats.*

Toutes les Nymphes de la cour de PLATÉE sortent du fond du marais, s'élevent au-dessus des roseaux & s'avancent sur la Scene.

## SCENE VI.
PLATE'E, MERCURE, CITHERON,
CLARINE, CHOEUR & TROUPE
de NYMPHES de la suite de PLATE'E.

### CHOEUR de Nymphes.

*Epais nuages,*
*Rassemblés-vous ;*
*Tombés sur nous ;*
*Enflés nos rivages :*
*Jusqu'à vos ravages,*
*Tout nous sera doux.*

Les Nymphes forment differentes danses dans leur caractére.

### CLARINE & UNE NAYADE.

*Soleil, tu luis en vain : les humides Naïades*
*Te refusent des vœux :*
*Et si nous en faisons, c'est pour que les Hyades*
*Eteignent à jamais ta lumiere & tes feux.*

On danse encore.

50 PLATE'E,

MERCURE rentrant sur la Scene d'où il étoit
sorti pendant le divertissement.

*Nymphes, les Aquilons viennent troubler la fête.*

L'arc-en-ciel paroît.

*Je vois Iris qui s'avance à leur tête.*
*Un vent impétueux agite les rozeaux,*
*Retirez-vous au fond des eaux.*

Une troupe d'Aquilons, par une entrée extrêmement vive, force
les Nymphes à se retirer dans leur marais.

FIN DU REMIER ACTE.

# ACTE SECOND.

## SCENE PREMIERE.
### MERCURE, CITHERON.

#### MERCURE.

JE viens de soulager Junon dans sa colére,
Par un aveu qu'elle croïoit sincére,
Athenes deviendra l'objet de son courroux :
Et déja l'espoir la console
D'y surprendre à la fois la Nymphe & son Epoux.
*Un nuage conduit par des Aquilons, traverse le théâtre.*
Vous voïés qu'elle y vole.

En toute liberté,
Jupiter peut paroître.
Il vient...

#### CITHERON.
Retirons-nous dans ce bois écarté.

#### MERCURE.
Nous verrons tout sans nous faire connoître.
*Ils se retirent tous deux à l'écart.*

## SCENE II.

JUPITER, MOMUS,

dans un Char à demi descendu.

AQUILONS suspendus en l'air.

JUPITER, aux Aquilons.

*AQUILONS trop audacieux,*
*Craignés ma colére ;*
*Fuyés de ces lieux.*

*Pour voir de près la beauté qui m'est chére,*
*Pour lui rendre un hommage aussi vif que sincére,*
*Je quitte le séjour des Cieux*

*Aquilons trop audacieux,*
*Craignés ma colére ;*
*Fuyés de ces lieux.*

Les Aquilons disparoissent, des nuages couvrent le char où sont JUPITER & MOMUS.
PLATE'E s'avance du fond du théâtre.

SC. III.

## SCENE III.
### PLATÉE.

Elle s'approche du nuage qui s'est étendu jusqu'à terre, et le considére.

*A L'aspect de ce nuage ;*
*Je ne sçaurois m'abuser !*
*Jupiter fait tout oser :*
*Mais aurai-je le courage*
*De recevoir son hommage,*
*Ou de le refuser ?*

Les nuages font quelques mouvemens.

*Le nuage s'entrouvre*
*Je voi du mouvement :*
*Je croi qu'il me découvre*
*Mon adorable amant.*

La partie d'en bas des nuages se sépare & remonte dans la partie d'enhaut.

JUPITER paroît sous la forme d'un Quadrupede, un petit Amour l'enchaîne de guirlandes de fleurs.

*Quelle métamorphose !*
*Dois-je approcher ? Je n'ose.*
*C'est une épreuve assûrément*
*Que Jupiter prépare à ma flâme nouvelle.*
*Venés, venés, j'y suis fidelle,*
*Quelque soit ce déguisement.*

Elle s'en approche à une certaine distance, & de tems en tems le regarde tendrement.

E

*Apprenés-moi ce qu'amour vous inspire,*
*Et ce que votre cœur prétend.*
*Vous soupirés, et je soupire;*
*Il suffit d'un si doux accent.*
*Vous dites tout sans me rien dire.*
*Ah! Que l'amour est éloquent!*

> Pendant que PLATE'E dit ces paroles, JUPI-
> TER lui répond avec les sons naturels à la
> forme qu'il a prise; après quoi il change de
> forme & prend celle d'un Oiseau battant des
> aîles à demie hauteur du théâtre.

*Quoi! vous disparoissés!... sous quel nouveau plumage*
*Me représentés-vous*
*Le plus beau des Hibous?*

*Oiseaux de ce bocage,*
*Venés tous,*
*Chantes.* \* *Mais quel ramage!*

> \* On entend le charivari des Oiseaux à l'as-
> pect du Hibou, qui après s'être perché quel-
> que tems, s'envole sans que PLATE'E s'en
> apperçoive.

*Oiseaux, vous en étes jaloux,*
*Changés de langage,*
*Rendés homage*
*Au plus beau des Hibous.*

> Elle s'apperçoit que l'Oiseau s'est envolé.

*Hélas! Il s'envole!*
*Je ne le voi plus.*

> Elle parcourt le théâtre.

*Jupiter.. Jupiter.. mes cris sont superflus.*
*Il faudra donc que mon cœur s'en désole.*

*Hélas ! Il s'envole !*
*Je ne le voi plus.*

Pendant qu'elle s'occupe à pleurer, on entend subitement un grand coup de tonnere. Une pluie de feu tombe du ciel : elle parcourt le Théâtre toute effrayée.

*Ciel ! Qu'elle terrible rosée !*

Jupiter arrive sur le Théâtre sous sa véritable forme, suivi de MOMUS ; il est armé de son foudre qui est en feu, et dont il effraye PLATE'E.

JUPITER, à PLATE'E.

Lorsque son Foudre est éteint.

*Charmant objet de mes dignes amours,*
*Ne soyés pas plus long-tems abusée.*
*Comptés sur mon secours.*

Il jette son foudre.

*J'éloigne de mes mains la foudre redoutable ;*
*Je ne viens point vous allarmer.*
*Jupiter avec vous devenu plus traitable,*
*Ne s'occupera plus que du plaisir d'aimer.*

Elle reste toujours tremblante.

*Seriés-vous insensible à mes tendres vœux ?...*

## PLATE'E,

### PLATE'E.
............ Ouffe.

### JUPITER.
*Je vous offre des vœux conſtans :*
*Vous ne repondés rien. ...*

### PLATE'E.
Pardonnés-moi, j'étouffe,
*Et je ſoupire en même tems.*

### JUPITER, à MOMUS.
*En attendant qu'un doux himen s'apprête,*
*Qu'on réjouiſſe ici ma nouvelle conquête :*
*Momus, raſſemblés tous vos jeux ;*
*Que l'allegreſſe de la fête*
*Egale l'excez de mes feux.*

### MOMUS.
*Sujets divers que le délire*
*Enchaîne à jamais dans ma cour,*
*Venés, du Dieu qui vous inſpire*
*Soutenés la gloire en ce jour.*

## SCENE IV.

JUPITER, MOMUS, PLATE'E, CHOEUR & TROUPE des suivans de MOMUS, MERCURE & CITHERON, travestis parmi cette Troupe.

### LE CHOEUR,
avec étonnement, autour de PLATE'E.

*Qu'Elle est comique ! Qu'elle est belle !*
*A tant d'appas*
*Qui ne se rendroit pas ?*
*Jupiter soupire pour elle.*
*Le charmant objet que voilà !*
*Ah ! Qu'elle est belle ! Ah ! La belle ! Hà !*

PLATE'E est tantôt fâchée & tantôt bien-aise selon ce que lui dit ce Chœur ; après lequel on entend une symphonie extraordinaire.

### MOMUS.

*Mais une nouvelle harmonie*
*Annonce apparemment Terpsicore, ou Thalie.*

## SCENE V.

LA FOLIE, une Lyre à la main;

et les Acteurs de la Scene précédente.

### LA FOLIE.

*Vous vous trompés, Momus, non, non.*

### MOMUS.

*Que vois-je ? O ciel !*

### LA FOLIE.

*C'est moi, c'est La Folie*
*Qui vient de dérober la Lire d'Appollon.*

### MOMUS & LE CHOEUR.

*Honneur, honneur à la Folie,*
*Qui tient la Lyre d'Appollon.*

Différents quadrilles des Suivantes de MOMUS & de LA FOLIE; les uns d'un caractére gay, habillés en Ponpons; les autres d'un caractére sérieux, vêtus en Philosophes Grecs entrent en dansant, LA FOLIE, en touchant de sa Lyre, anime leurs danses qui sont de leurs différens caracteres.

## BALLET BOUFFON.
### LA FOLIE.

*Formons les plus brillans concerts ;*
*Quand Jupiter porte les fers*
*De l'incomparable Platée,*
*Je veux que les transports de son ame enchantée,*
*S'expriment par mes chants divers.*

Elle fait des accords sur sa Lyre, pour l'essayer.

*Admirés tout mon art célébre.*
*Fesons d'un image funebre*
*Une allégresse par mes chants.*

Elle prélude de nouveau sur sa Lyre ; ensuite elle s'accompagne.

*Aux langueurs d'Appollon, Daphné se refusa :*
*L'Amour sur son tombeau,*
*Eteignit son flambeau,*
*La métamorphosa.*

*C'est ainsi que l'Amour de tout tems s'est vangé :*
*Que l'Amour est cruel, quand il est outragé !*

*Aux langueurs d'Appollon, Daphné se refusa,*
*L'Amour sur son tombeau,*
*Eteignit son flambeau,*
*La métamorphosa.*

## PLATÉE,

### LE CHOEUR.

*Honneur, honneur à la Folie,*
*Elle surpasse Polymnie ;*
*Honneur à ses divins accens.*

### LA FOLIE.

*Jugés par du beau simple & des sons plus touchans,*
*Si je connois la mélodie.*
*Ecoutés bien... sur tout ma symphonie.*

Elle prélude encore sur sa Lyre, & s'accompagne.

*Que les plaisirs les plus aimables*
*S'empressent à l'envi de seconder l'amour :*
*Jeux & ris qui formés sa Cour,*
*En égayant ses feux, vous les rendés durables.*

*Sans cesse accompagnés nos pas,*
*Plaisirs badins, c'est dans vos bras*
*Que notre ardeur se renouvelle.*
*Si Zephir ne badinoit pas,*
*Flore lui seroit moins fidele.*

Elle veut recommencer la reprise, elle s'interrompt elle-même par exclamation.

Vous

## BALLET BOUFFON.

*Vous admirés mon art suprême,*
*J'attriste l'allegresse même,*
*Par mes sons plaintifs & dolens.*

### LE CHOEUR.

*Honneur, honneur à la Folie,*
*Elle surpasse Polymnie;*
*Honneur à ses divins accens.*

On danse différentes entrées de caractére.

### LA FOLIE.

*Je veux finir*
*Par un coup de génie.*

A MOMUS & à ses suivans.

*Secondés-moi, je sens que je puis parvenir*
*Au chef-d'œuvre de l'harmonie.*

Seule d'abord, puis avec MOMUS, MERCURE, CITHERON & TOUS LES CHOEURS.

*Himen, himen, l'Amour t'appelle*
*Prépare à Jupiter une chaîne nouvelle,*
*Vien couronner sa nouvelle Junon.*

PLATE'E, à ce mot de nouvelle Junon.

*Hé, bon, bon, bon.*

PLATE'E,
LA FOLIE, MOMUS, MERCURE,
CITHERON, TOUS LES CHOEURS,
Et PLATE'E, à différentes reprises.

*Que la flâme*
*Qui brûle son ame,*
*Allume ton brandon.*
*Hé, bon, bon, bon,*
*Venés tôt, venés donc.*
*Hé, bon, bon, bon,*
*Venés donc.*

On danse à différentes reprises de ce Chœur, & à la fin, Tout se retire en dansant avec PLATE'E, qu'on fait danser aussi.

## FIN DU SECOND ACTE.

# ACTE TROISIÈME.

## SCENE PREMIERE.
### JUNON.

*Elle entre en fureur, accompagnée d'Iris.*

Aine, dépit, jalouse rage,
*Je vous livre mon cœur.*

*Etouffés mon amour pour un Epoux volage,*
*Inspirés-moi vôtre fureur.*

*Haine, dépit, jalouse rage,*
*Je vous livre mon cœur.*

MERCURE *traverse le théâtre à pied,*
*et feint de vouloir éviter* JUNON.

## SCENE II.
### JUNON, MERCURE.

*Iris reste toujours sur la Scene avec* Junon.

#### JUNON.

*Arrêtés : Jupiter n'étoit point dans Athenes :*
*Vous m'abusiés : vous trompiés mes désirs.*
*Quel charme trouvés-vous à redoubler mes peines.*

#### MERCURE.

*Non. Je verrai bientôt renaître vos plaisirs.*

*Si je sers Jupiter, applaudissés mon zéle,*
*Qui tend à vous servir bien plus que votre Epoux.*

#### JUNON.

*Ne croiés pas appaiser mon courroux :*
*Je veux confondre l'Infidéle.*

#### MERCURE.

*Hélas ! Il ne tiendra qu'à vous.*

*En ce lieu même il va paroître,*
*Attendés le moment de vous faire connoître,*
*Et suspendés vos mouvemens jaloux.*

Mercure *s'en va par le fond du théâtre au-devant de* Jupiter *& de* Plate'e. Junon *sort par un des côtés.*

# BALLET BOUFFON.

## SCÉNE III.

TROUPE de DRIADES & de SATYRES danſans.
CHOEUR & TROUPE de NYMPHES de la ſuite de PLATE'E, & de SATYRES chantans.
CLARINE, et une autre NAYADE ſuivante de PLATE'E : PLATE'E couverte d'un voile, dans un Char traîné par deux Grenoüilles.
JUPITER & MERCURE, à pied, aux deux côtés du Char.
AUTRE TROUPE de SATYRES qui ſuivent le Char.

*Tous les Acteurs arrivent dans cet ordre & font un tour ſur le théâtre.*

LE CHOEUR, pendant la marche.

*Chantons, célébrons en ce jour*
*Le pouvoir de l'Amour.*

*Par lui, la Nymphe peut prétendre*
*A s'unir au plus grand des Dieux ;*
*Et le Roi le plus glorieux,*
*A la Bergére peut ſe rendre.*

*Chantons, célébrons en ce jour*
*Le pouvoir de l'Amour.*

Après la marche, PLATE'E reſte dans ſon Char au fond du théâtre pendant qu'on danſe, après quoi elle en deſcend, & prend JUPITER par la main.

PLATE'E,

PLATE'E, à JUPITER,
qu'elle améne au bord du théâtre.

*Dans cette fête,*
*Mon cœur s'aprête*
*A recevoir ardemment*
*Les vœux de mon amant.*

*Mais il nous manque en ce moment*
*Pour mon bonheur & pour le vôtre,*
*L'Himen, l'Amour; ou du moins, l'un ou l'autre.*

JUPITER à MERCURE.

*Mercure, dites-moi pourquoi ces petits Dieux*
*Ne me suivent pas dans ces lieux?*

MERCURE.

*Ces Dieux, vous le savés, vont rarement ensemble;*
*C'est un hazard qui les rassemble*
*Sur la terrre, sur l'onde, & même dans les cieux.*

PLATE'E.

*Quoi, faut-il les attendre encore?*
*Mon cœur tout agité,*
*Est impatienté*
*De l'importune gravité*
*De ces beaux fils de Terpsicore.*

JUPITER & MERCURE font rasseoir PLATE'E sur un des côtés du théâtre. On danse dans le genre le plus noble pour l'impatienter davantage.
La danse est interrompuë par une symphonie extraordinaire.

## SCENE IV.

MOMUS un bandeau fur les yeux, avec un arc & un carquois d'une grandeur ridicule;
LA FOLIE, fa Lyre à la main, et les Acteurs de la Scene précédente.

JUPITER, appercevant de loin MOMUS.

*Que vois-je ? Eſt-ce l'Amour, vient-il avec ſes ar-*
*mes,*
*Pour lancer dans mon cœur encor de nouveaux traits ?*

MOMUS ſe tient toujours éloigné.

### PLATE'E.
*Puiſqu'il vient pour moi tout exprès ;*
*Qu'il avance ; il ne peut m'approcher de trop près.*

Quand MOMUS s'eſt approché.

### JUPITER & MERCURE.
*C'eſt Momus ! De l'Amour n'a-t'il pas tous les charmes ?*

MOMUS, à PLATE'E,
après un ſalut très-profond.

*Le tout-puiſſant Amour, ayant affaire ailleurs,*
*Ne peut ici venir lui-même,*
*Il m'a chargé pour vous de toutes ſes faveurs.*

## PLATE'E.

*Donés, donés, ce sera tout de même.*

### MOMUS.
*Ce sont des pleurs.*

### PLATE'E.
*Fy.....*

### MOMUS.
*Des tendres douleurs.*

### PLATE'E.
*Fy.....*

### MOMUS.
*Des cris, des langueurs.*

La symphonie peint ces differens présens que Momus aporte à Plate'e de la part de l'Amour.

### PLATE'E.
*Fy, fy, ce sont-là des malheurs ;*
*Et s'il faut que j'aime,*
*Je veux des douceurs.*

### MOMUS.
*Ah! Du moins, recevés la flateuse Esperance.*

La symphonie peint dans le même genre, l'Esperance.

### PLATE'E.

### PLATÉE.

*Eh! Fy, votre espérance*
*N'est qu'une souffrance,*
*Un vrai signe d'ennui ;*
*Eh ! Fy.*

> La Folie amene sur le bord du théâtre Momus qui en paroît embarassé.

### LA FOLIE, à MOMUS,
### en se mocquant de lui.

*Lance tes traits Amour, épuise ton carquois,*
*Etends jusqu'à nous ta victoire.*
*Ajoute à ta gloire*
*De nouveaux exploits.*

> On entend un Prélude d'un nouveau caractére.

### PLATÉE.

*Quel bruit....*

### MOMUS.

*Venés, aimables Graces.*

> Trois suivans de Momus, sous la forme des Graces, entrent sur la scene.

## SCENE V.

Trois suivans de MOMUS sous la forme des GRACES, et les Acteurs de la Scene précédente.

### MOMUS, à PLATÉE.

*De votre gloire, Amour est si jaloux,*
*Qu'il veut qu'elles suivent vos traces,*
*Pour pouvoir en tous lieux lui répondre de vous.*

Ces trois suivans de MOMUS, sous la forme des GRACES, dansent comiquement. LA FOLIE les anime en touchant de sa lyre

### PLATÉE.

*Je croyois les Graces si fades,*
*Mais leur amoureuses gambades....*

### LA FOLIE.

*De mon vaste génie admirés les effets,*
*Je sai les rendre tantôt vives,*
*Tantôt innocentes, naives,*
*Toujours en les livrant à de charmans excès.*

On entend un Prélude de musique champêtre.

### PLATÉE.

*Mais, qui nous vient encore?*

## SCENE VI.

CITHERON,

suivi d'une troupe d'Habitans de la campagne, et les Acteurs de la Scene précédente.

CITHERON, à PLATÉE.

Nymphe, votre conquête
Fait tant de bruit, qu'elle tourne la tête
A tous les Hameaux d'alentour ;
Et mon peuple, en un si grand jour,
Veut prendre part à cette auguste fête.

*Les Habitans de la campagne mêlent leurs danses à celles des Satyres & des Driades.*

CITHERON, à ses Sujets.

Du plus grand des Immortels
Platée a fait la conquête,
De son triomphe embellissés la fête,
Et préparés-lui des autels.

*On danse.*

PLATÉE.

LA FOLIE,
à toutes les différentes troupes.

*Chantés Platée, égayés-vous,*
*Chantés le pouvoir de ses charmes.*

LE CHOEUR.

*Chantons Platée, égayons-nous,*
*Chantons le pouvoir de ses charmes.*

TOUS ENSEMBLE.

*Le dieu qui lui rend les armes*

LA FOL. *Va vous* ⎱
LE CH. *Va nous* ⎰ *combler de ses biens les plus doux.*

LA FOL. *Chantés, dansés, sautés* ⎱
LE CH. *Chantons, dansons, sautons* ⎰ *tous.*

LA FOL. *Chantés Platée, égayés-vous.*

LE CH. *Chantons Platée, égayons-nous.*

LA FOL. *Chantés* ⎱
LE CH. *Chantons* ⎰ *le pouvoir de ses charmes.*

On danse à toutes les différentes Reprises,
et à la fin de ce Chœur.

## BALLET BOUFFON.

JUPITER, à MERCURE,
à part au bord du théâtre.

*Voici l'instant de terminer la feinte ;*
*Mais Junon ne vient point.*

### MECURE.

*Elle est près de ces lieux.*

JUPITER va prendre PLATE'E par la main.

### JUPITER.

\* PLATE'E paroît hésiter à lui donner la main.

*Que des nœuds solemnels* \* *Mais d'où naît cette*
*crainte ;*
*Vous qui ne doutés point du pouvoir de vos yeux ?*

### PLATE'E.

*Je songe à votre ancienne épouse.*

### JUPITER.

*Hé quoi ! Qu'en appréhendés vous ?*

### PLATE'E.

*Elle est, à ce qu'on dit, jalouse.*

### JUPITER.

*Nous laisserons agir son impuissant courroux.*

PLATE'E,

*Pour célébrer un nœud si légitime,*
*Je jure...*

JUPITER *répète ce dernier mot plusieurs fois, en regardant si* JUNON *vient.*

## SCENE VII.

JUNON, *qui arrive en fureur, suivie d'*IRIS, *et les Acteurs de la Scene précédente.*

### JUNON.

*Arrête, Ingrat,*
*Tu n'acheveras pas cet horrible attentat.*
*Heureuse en ma fureur, sasissons ma victime.*

*Elle se jette sur* PLATE'E *qui cherche à se cacher derriere* JUPITER, *et elle lui arrache son voile.*

*Que vois-je! O ciel!*

JUPITER, à JUNON, *avec un sourire.*
*Vous voyés votre erreur.*

PLATE'E *sort furieuse, elle emmenne toutes ses Nymphes.*

### JUNON.

*Ma surprise est extrème,*
*Quelle confusion succéde à ma douleur!*

### JUPITER.

*Doutrés-vous encor que je vous aime?*

# BALLET BOUFFON.

### JUNON.

Non. Vous rétablissés le calme dans mon cœur.

### ENSEMBLE.

Resserrons notre chaîne.

JUNON. *Votre fidélité répond à mes* } désirs.
JUPIT. *Mon cœur à vous aimer borne tous ses* }

JUN. *Heureux les cœurs qui n'éprouvent de* } peine,
JUPIT. *Voudrois-je hélas, vous causer d'autre* }

Que celle qui mene aux plaisirs.
Resserrons notre chaîne.

### JUPITER.

Quittons ces lieux,
Montons au séjour du tonnerre,
Il n'appartient point à la terre
D'arrêter plus longtems le Souverain des Dieux.

JUPITER & JUNON montent au ciel au bruit du tonnerre avec IRIS & MOMUS; ils sont envelopés dans des nuages. MERCURE vole devant eux. LA FOLIE reste sur la terre. PLATÉE est ramenée sur la Scene par une troupe d'Habitans de la campagne, de leurs femmes & de leurs enfans qui l'entourent & se moquent d'elle.

## SCENE DERNIERE.

PLATE'E, CITHERON, LA FOLIE,
Tous les CHOEURS & Troupes de Satyres,
de Driades & d'Habitans de la campagne.

### LA FOLIE, avec tous les Chœurs.

*Chantons Platée, égayons-nous,
Chantons le pouvoir de ses charmes.*

Différens quadrilles de danses se
forment pour se moquer de PLATE'E.

### PLATE'E, en fureur.

*Taisés-Vous.
Ou, par la mort, je vous punirai tous.*

### LES CHOEURS.

*Le Dieu qui lui rend les armes
Va nous combler de ses biens les plus doux,
Chantons, dansons, sautons tous.*

On danse.

### PLATE'E.

*Quoi! L'on craint si peu mon courroux?*

*Je brouillerai, je troublerai mon onde,
Et c'est du sein de ma grote profonde,
Que je vous { porterai / lancerai } mes coups.*

### LES CHOEURS.

## BALLET BOUFFON.
## LES CHOEURS.

*Chantons Platée, égayons-nous,*
*Chantons le pouvoir de ses charmes.*

On danse.

### PLATE'E.

*Taisés-vous.*
*Ou, par la mort, je vous punirai tous.*

A C<small>ITHERON</small>, qu'elle prend à la gorge.

*Tu vois ma rage,*
*Fremi d'éffroi:*
*D'un tel outrage*
*Je n'accuse que toi.*

### CITHERON.

*Que moi !*

### PLATE'E.

*Oui, toi.*

### ENSEMBLE.

C<small>ITHERON</small>. *N'accuses que l'ingrat qui vous man-*
*que de foi.*
P<small>LATE'E</small>. *Je n'accuse que toi, je n'accuse que toi.*

### LES CHOEURS.

*Chantons Platée, égayons-nous,*
*Chantons le pouvoir de ses charmes.*

H

## PLATE'E.

*Quoi! L'on pretend braver mes coups?*
*Courrons, allons contre eux exhaler mon couroux.*

Elle prend fa courfe & va fe précipiter dans fon Marais, LA FOLIE emméne avec elle les differentes troupes fe réjouir du racommodement de JUPITER & de JUNON.

## FIN DU BALLET.

# LES FESTES DE THALIE,

BALLET REPRESENTÉ PAR L'ACADEMIE ROYALE DE MUSIQUE;

La premiere fois, le quatorze août, 1714.
La feconde, le vingt-cinq juin, 1722.
La troifiéme, le deux juin, 1735.

*Remis au théâtre, le mardi 29 juin 1745.*

DE L'IMPRIMERIE
De JEAN-BAPTISTE-CHRISTOPHE BALLARD,
doyen des imprimeurs du Roi, feul pour la mufique,
et pour l'Académie royale de mufique.
A PARIS, au Mont-Parnaffe, rue S. Jean-de-Beauvais.

M. DCC XLV.
*Avec privilége de Sa Majefté.*
LE PRIX EST DE XXX SOLS.

## AVERTISSEMENT.

LE Sujet de ce Ballet est l'AMOUR TRIOM-PHANT dans les trois differens états du beau Sexe, FILLE, FEMME, ET VEUVE: Cela forme trois Fêtes differentes que THALIE donne sur le théâtre de l'Opera, par l'ordre d'APOLLON.

Il y a près de trois ans que j'avois été tenté de faire cet Opera, sous le titre de FRAGMENS COMIQUES: J'en avois même fait le Prologue & l'Acte de la VEUVE. Enfin, à la sollicitation de mes amis, j'ai achevé ce Ballet. Et d'une Piece que je voulois intituler, l'AMANT DE SA FEMME, et que j'avois commencé dans un autre genre; j'ai fait mon Acte DE LA FEMME que j'ai ajusté au théâtre de l'Opera. A l'égard de l'Acte DE LA FILLE, je l'ai nouvellement imaginé.

J'ai fait mes efforts dans ce petit ouvrage pour plaire au Public; mais je serois de plus en plus animé à contribuer à ses amusemens, s'il pouvoit m'être aussi indulgent sur ce théâtre, qu'il a eu la bonté de m'être favorable au théâtre de la Comedie.

---

*Pendant le cours de cette réimpression, on s'est apperçû de ce qui suit:*
*Page* 17, Scene III à LEONORE, *suprimez* une Guittare à la main.
    Au second vers, il faut lire : *Sans crainte, sans soins*, &c.
*Page* 18, Au neuviéme vers, *même correction que dessus.*
*Page* 46, Seiziéme ligne, il y a dansant, *lisez* dansent.
*Page* 47, Cinquiéme vers, il y a *Et*, *lisez Mais.*
*Page* 48, Deuxiéme vers, *suprimez prude*, qui est le troisiéme mot.
*Page* 50, Dix-huitiéme ligne, il y a *Vous vous*, *lisez Vous me.*

A ij

## ACTEURS CHANTANS DU PROLOGUE.

MELPOMENE,     M$^{lle}$ Chevalier.
THALIE,     M$^{lle}$ Fel.
APOLLON,     M$^{r}$ Le Page.

## ACTEURS DANSANS.

### SUITE DE THALIE;

Mademoiselle Le Breton;

Messieurs Hamoche, Levoir, F-Dumoulin, Caillez, De Vice;

Mesdemoiselles Courcelle, St Germain, Erny, Thiery, Puvigné.

## APROBATION.

J'AI lû, par ordre de Monseigneur le Chancelier, une nouvelle Edition du Ballet, intitulé *Les Fêtes de Thalie*, et je n'y ai rien trouvé qui doive en empêcher l'impression. A Versailles, ce 19 Juin 1745.

DE MONCRIF.

*Le Privilege du Roy est à la fin des Opera précédens.*

# LES FESTES DE THALIE,
## *BALLET.*

## PROLOGUE.
La Scene est sur le théâtre de l'Opera.

### SCENE PREMIERE.
MELPOMENE, et sa Suite.

#### MELPOMENE.

Heâtre de ma gloire, où regne l'harmonie,
Ne recevez des loix que de mon seul
génie.
Mes sujets sont les rois, les heros, et les dieux ;
Rien ne peut égaler mes spectacles pompeux.

# LES FESTES DE THALIE,

*Théâtre de ma gloire, où regne l'harmonie,
Ne recevez des loix que de mon seul génie.*

*J'attendris par les sons, mes pleurs & mes soupirs;
Mes tragiques douleurs forment les vrais plaisirs.*

*Théâtre de ma gloire, où regne l'harmonie,
Ne recevez des loix que de mon seul génie.*

## CHOEUR.

*Regnez divine Melpomene,
Regnez, des vrais plaisirs aimable souveraine.*

# PROLOGUE.

## SCENE II.
### MELPOMENE, THALIE.

On entend une Symphonie vive & gaye, qui annonce l'arrivée de la Muse comique.

#### MELPOMENE.

Dieux ! Quels frivoles sons ? Que vois-je ? C'est Thalie !
Vient-elle de ses jeux étaler la folie ?
　Osez-vous donc vous faire voir
　En des lieux pleins de mon pouvoir ?

#### THALIE.

Je viens avec les ris, pour égayer la Scene.

#### MELPOMENE.

　Armide, Phaeton, Atis,
　Roland, Bellerophon, Thetis,
De ce brillant séjour me rendent souveraine ;
　Muse indigne, retirez-vous.

#### THALIE.

Je le vois bien ma Sœur, un mouvement jaloux

# LES FESTES DE THALIE,

*Contre moi vous anime.*

### MELPOMENE.

*Croyez-vous de mes vers effacer le sublime ?*

### THALIE.

*Sans vous rien disputer, je voudrois entre-nous,*
*Par un autre chemin, mériter quelque estime.*

### MELPOMENE.

*Vous mériterez mon courroux.*

### THALIE.

*Ma Sœur, un seul mot peut suffire*
*Pour faire voir qu'on me doit preferer ;*
*On est bien-tôt las de pleurer,*
*Se lasse-t'on jamais de rire ?*
*Vous faites à l'Amour une cruelle offense*
*De ne l'offrir que furieux ;*
*Sous des traits plus rians je l'offre à tous les yeux.*
*Qui de nous sert mieux sa puissance ?*

### MELPOMENE.

*Apollon en ces lieux s'avance,*
*Il saura de nous deux faire la différence.*

SC. III.

# PROLOGUE.

## SCENE III.
### APOLLON, MELPOMENE, THALIE.

#### APOLLON.

Est-ce ainsi qu'à mes soins, Muses, vous répon-
dez !
Que deviennent les jeux que j'avois demandez ?

#### MELPOMENE.

On en voudroit éloigner Melpomene.

#### THALIE.

C'est votre ordre, Apollon, qui dans ces lieux m'a-
mene.

#### ENSEMBLE.

C'est moi qui dans ces lieux prétens donner des loix.

#### APOLLON, à MELPOMENE.

Ne pouvez-vous comme autrefois,
Dans un même sujet, vous unir à Thalie ?
Ce mélange aujourd'hui charme encor l'Italie.

#### MELPOMENE.

Je pourrois avilir mes heros & mes rois ?

B

# LES FESTES DE THALIE,

## APOLLON.

Hébien : entre vous deux il faut faire un partage ;
L'une & l'autre en son temps en plaira davantage.

Que la paix regne en ces beaux lieux ;
Réunissons Melpomene & Thalie.

L'une dans les hyvers pourra chanter les Dieux ;
L'autre dans les beaux jours, par sa douce folie ;
Charmera les cœurs & les yeux.

Que la paix regne en ces beaux lieux ;
Réunissons Melpomene & Thalie.

## MELPOMENE.

Quoi ! Sous d'égales loix l'une & l'autre on nous range !
Je reçois d'Apollon des mépris si cruels ?
Quoi ! Tout Dieu qu'il est, son goût change ?
Ah ! C'est une foiblesse à laisser aux mortels.

*Elle sort avec les heros de sa suite.*

# PROLOGUE.

## SCENE IV.
### THALIE.

*Venez, volez de toutes parts,*
*Je vais offrir à vos regards*
*Des jeux, sans pleurs & sans tristesse.*

*Mon art est le plus doux des arts,*
*Il est l'amour de la Jeunesse,*
*Et je fais leçon de tendresse.*

*Venez, volez de toutes parts,*
*Je vais offrir à vos regards*
*Des jeux, sans pleurs & sans tristesse.*

## SCENE V.
### THALIE; JEUX ET PLAISIRS
qui accourent de toutes parts.

### CHOEUR des JEUX ET DES PLAISIRS.

*Triomphez Muse charmante,*
*Triomphez de l'ennui, des pleurs & des soupirs,*
*Couronnez la troupe riante*
*Des Jeux & des Plaisirs.*

## LES F. DE THALIE, PROLOGUE.

LES JEUX ET LES PLAISIRS célebrent la gloire de THALIE, par leurs danses.

### THALIE.

*Pour mieux faire éclater mon triomphe en ce jour,*
*Signalons dans nos jeux le pouvoir de l'Amour.*

*Beautez, en tout tems, à tout âge,*
*L'Amour est sûr de votre hommage.*

*Il regne dans tout l'Univers :*
*Si l'Hymen vous engage,*    \*    \*Femme.
*Si vous sortez de ses fers,*    \*    \*Veuve.
*Si vous fuyez son esclavage,* \*    \*Fille.

*Beautez, en tout tems, à tout âge,*
*L'Amour est sûr de votre hommage.*

### CHOEUR.

*Triomphez Muse charmante,*
*Triomphez de l'ennui, des pleurs & des soupirs,*
*Couronnez la troupe riante*
*Des Jeux & des Plaisirs.*

## FIN DU PROLOGUE.

## ACTEURS ET ACTRICES,
### chantans dans tous les chœurs du Prologue, et du Ballet.

| CÔTÉ DU ROI. | | CÔTÉ DE LA REINE. | |
|---|---|---|---|
| *Mesdemoiselles* | *Messieurs* | *Mesdemoiselles* | *Messieurs* |
| Dun, | Marcelet, | Cartou, | De Serre, |
| Tulou, | St. Martin, | | Gratin, |
| | Lefevre, | Monville, | Le Mesle, |
| Delorge, | Le Page, | | Breton, |
| | Chabourd, | Desgranges, | Deshais, |
| Varquin, | Fel, | | Levasseur, |
| Dalmand. C., | Houbault, | De Lagranville, | Buzeau, |
| | Bourque, | | Belot, |
| Larcher, | Bornet, | Maçon, | Rhone, |
| Delastre, | Gallard, | Rolet, | Forestier, |
| | Duchênet, | | Orban, |
| Riviere. | Rochette. | Gondré. | Terrasse. |

On vend un Louis d'or la musique de ce Ballet, avec les Entrées qui y ont été aioutées, en differens temps; Musique de M' MOURET: Paroles de M' DE LAFONDS.

## PREMIERE ENTRÉE.

### ACTEURS CHANTANS.

ACASTE, *Capitaine de Vaisseau,*
*Amant de Leonore,*      Mr De Chassé.
CLEON, *Pere de Leonore,*      Mr Person.
BELISE, *Mere de Leonore,*      Mr Cuvillier.
LEONORE,      Mlle Bourbonnois.
UNE MARSEILLOISE, Mlle Jaquet.
UN CAPTIF,      Mr Albert.

### ACTEURS DANSANS.
#### CAPTIFS;

Messieurs Pitro;

Messieurs Monservin, Gherardi;

Messieurs Dumay, Dupré, Levoir, Feuillade, De Vice.

#### MATELOTS;

Mademoiselle Dalmand;

Mrs Malter-C., Dangeville, Caillez, P-Dumoulin;

Mesdemoiselles Beaufort, Rosalie, Puvigné, Thiery.

# PREMIERE ENTRÉE.
## LA FILLE.
Le Theâtre représente le Port de Marseille.

### SCENE PREMIERE.
#### ACASTE, CLEON.
#### CLEON.

uelle est donc la Beauté dont vous portez
la chaîne?
#### ACASTE.
Vous verrez dans peu ses attraits.
L'Amour pour me blesser, a puisé tous ses traits
Dans les beaux yeux d'une Inhumaine.

# LES FESTES

*Mais, songez à la Fête, et me laissez ici
Attendre l'Objet qui m'engage.*

## CLEON.

*Vous me rendez heureux, vous allez l'être aussi,
Vos bontez dans Alger m'ont tiré d'esclavage,
Après dix ans de maux, je revois ce rivage.*

*Chere Epouse, en ce jour, quel sera ton transport,
De revoir ton Epoux, quand tu le croyois mort!*

---

## SCENE II.

### ACASTE.

*NE puis-je me flatter d'une douce esperance?
L'Objet que j'aime, hélas! S'oppose à mon bonheur.*

*Cruelle indifference,
Contre mes feux tu défens trop son cœur;
Le nœud de l'hymen lui fait peur.*

*Ne puis-je me flatter d'une douce esperance?
L'Objet que j'aime, hélas! S'oppose à mon bonheur.*

*Mes*

# DE THALIE, BALLET.

*Mes soins, mes soupirs, ma constance,*
*Ne peuvent flechir sa rigueur,*
*L'Amour même auroit peine à s'en rendre vainqueur.*

*Ne puis-je me flatter d'une douce esperance?*
*L'Objet que j'aime, hélas! S'oppose à mon bonheur.*

*Attendons un moment pour m'offrir à ses yeux,*
*Sa mere doit parler en faveur de mes feux.*

## SCENE III.
### BELISE, LEONORE.

LEONORE, une Guittare à la main.

*R*Ire, danser, chanter est mon partage,
  *Sans soins, sans amour, sans désirs;*
  *Point d'hymen, point d'esclavage.*
    *Je ne m'engage*
    *Qu'aux seuls plaisirs.*

### BELISE.
*Acaste est de retour, après un long voyage,*
*Donnez-lui votre main, couronnez ses soupirs.*

### LEONORE.
*Des plus tendres soupirs l'hymen bannit l'usage;*
*Rire, danser, chanter est mon partage.*

## BELISE.

*Depuis que mon époux a quitté ce rivage*
*Dans les pleurs j'ai passé dix ans.*
*Sans doute il ne vit plus, votre seul avantage*
*M'a fait refuser mille amans.*
*Voulez-vous perdre ainsi le printemps de votre âge ?*

## LEONORE.

*L'hymen cause des soins, ces soins trop importans,*
*Nous font vieillir dès le printemps.*
*Rire, danser, chanter est mon partage ;*
*Sans soins, sans amour, sans désirs ;*
*Point d'hymen, point d'esclavage,*
*Je ne m'engage*
*Qu'aux seuls plaisirs.*

## SCENE IV.
### ACASTE, BELISE, LEONORE.

#### ACASTE.
Vos mépris, Leonore, ont-ils fini leur cours ?
Daignez-vous consentir à mon bonheur suprême,
Et verrai-je bien-tôt commencer mes beaux jours ?

#### LEONORE.
De l'Amant voilà les discours ;
Ceux de l'Epoux sont-ils de même ?

#### ACASTE.
L'hymen ne servira jamais qu'à m'enflammer.

#### LEONORE.
Non, l'on ne s'aime plus, dès que l'on doit s'aimer.

#### BELISE, à ACASTE.
Ne lui faites point de violence,
Portez ailleurs des vœux qu'elle n'écoute pas.

#### ACASTE.
Que ne puis-je arracher mon cœur à sa puissance ?

#### LEONORE, à ACASTE.
Vous trouverez ailleurs de plus charmans appas.

# LES FESTES

### ACASTE.

O Ciel ! A tant d'amour faire tant d'injustice !

### BELISE.

Sa legere humeur, ses caprices,
Sur les douceurs d'hymen répandroient le poison :
Si vous voulez gouter d'éternelles délices,
Prenez femme qui soit dans l'âge de raison.

### ACASTE, à BELISE.

Je goute vos conseils, ils finiront ma peine.

### LEONORE, à part.

Quelle honte pour moi, s'il sortoit de ma chaine !

### ACASTE.

Que dites-vous ?

### LEONORE.

Suivez des conseils généreux.

### ACASTE, à part.

Le seul dépit jaloux peut la rendre à mes feux.

## DE THALIE, BALLET.

### à LEONORE.

*Vous me conseillez donc une chaîne nouvelle ?*

### LEONORE.

*Cherchez quelque objet moins rebelle.*

### BELISE, à ACASTE.

*Je sais la beauté qu'il vous faut.*
*Elle veut vous charmer, ses yeux brillent encore*
*Du même feu dont brille Leonore ;*
*Elle n'en a pas un défaut.*

### ACASTE.

*Montrez-moi sans tarder l'Objet que j'aime.*

### BELISE, se montrant.

*Vous la voyez, c'est une autre elle-même.*

### ACASTE, déconcerté.

*Cachons le trouble affreux dont je suis agité,*
*Faisons voir pour sa mere un amour affecté.*

### à LEONORE.

*Votre rigueur inhumaine*
*A trop long-tems éclaté :*
*Ne poussez pas votre haine*
*Contre un amant rebuté,*
*Jusqu'à traverser la chaîne*
*Qui fait sa félicité.*

# LES FESTES

ACASTE, ET BELISE,
à LEONORE.

Ne pouſſez pas votre haine
Contre un amant rebuté,
Juſqu'à traverſer la chaîne
Qui fait ſa félicité.

LEONORE, s'en allant.

Sortons, ce que j'entens me cauſe trop de peine.

## SCENE V.
### BELISE, ACASTE.

ACASTE, *courant après* LEONORE.

*E*Lle fuit....

### BELISE.

*Laissons-la, ne songez plus qu'à moi,*
*Je ne m'occupe plus qu'à vous être fidelle,*
*Hâtons l'heureux instant de vous donner ma foi;*
    *Vous seriez esclave avec elle,*
    *De vous, je recevrai la loi.*
*Tu seras mon Epoux, mon Souverain, mon Roi.*

    *Consens à de nouveaux soupirs;*
*N'aime plus qui te hait, et ne hais point qui t'aime;*
*Mon amour sur tes pas conduira les plaisirs,*
*C'est assez qu'avec eux, tu me souffres moi-même.*

CLEON *paroît.*

## SCENE VI.

CLEON, LEONORE, BELISE, ACASTE;
Troupe de Captifs Algeriens enchaînez;
Troupe de Matelots Marseillois.

#### CLEON, appercevant sa femme.

AH, la perfide! Aumoins pour former d'autres nœuds,
Attens ma mort, tu n'attendras plus guere.

#### BELISE reconnoissant CLEON.

Mon Epoux.....

#### ACASTE, à LEONORE.

Quoi! C'est votre Pere
Que j'ai tiré des fers?... Ah! Je suis trop heureux.

#### LEONORE contente.

Vous n'épouserez point ma mere.

#### ACASTE.

Qui m'y forçoit, hélas! C'étoit votre rigueur?
Puis-je être heureux sans vous? Non, il n'est pas possible.
Eh! Dans cette feinte penible,
Ne lisiez-vous pas dans mon cœur?

#### CLEON.

## DE THALIE, BALLET.

### CLEON, à ACASTE.

*Que ma Fille envers vous m'acquite,*
*Et recevez le prix que votre cœur mérite.*

### ACASTE, aux Captifs Algeriens.

*Vous à qui ma valeur fit subir l'esclavage,*
*Je brise vos liens, allez, soyez heureux,*
*Vous devés ce bonheur à l'objet qui m'engage,*
*Rendez-en grace à ses beaux yeux,*
*Et formez en ce jour, les plus aimables jeux*
*Avec les Habitans de ce charmant rivage.*

On ôte les chaînes aux Captifs.

*Chantez l'Amour, chantez sa gloire,*
*Il triomphe d'un cœur qui méprisoit ses traits:*
*Chantez, publiez à jamais*
*Sa nouvelle victoire.*

### CHOEUR.

*Chantons l'Amour, chantons sa gloire,*
*Il triomphe d'un cœur qui méprisoit ses traits:*
*Chantons publions à jamais*
*Sa nouvelle victoire.*

Les Captifs Algeriens dansent.

# LES FESTES

## UN ALGERIEN.

*Triomphe Amour, de la Beauté*
*Qui nous rend aujourd'hui la liberté:*

*Qu'elle a d'appas!*
*Qui ne l'aimeroit pas ?*
*Ses beaux yeux font vainqueurs*
*De tous les cœurs ;*
*Mais à son tour,*
*Elle cède à l'Amour.*

*Triomphe Amour, de la Beauté*
*Qui nous rend aujourd'hui la liberté.*

### à ACASTE.

*Vous allez être son époux ;*
*qu'un sort si doux*
*Vous fera de jaloux !*
*Soyez constant,*
*Vivez content,*
*Que vos desirs*
*Naissent des plaisirs.*

*Triomphe Amour, de la Beauté*
*Qui nous rend aujourd'hui la liberté.*

**Les** Marseillois & les Marseilloises dansent.

## UNE MARSEILLOISE.

*Tout Amant*
*Comme le vent,*
*Est sujet à changer,*
*N'en courons pas le danger.*
*Tel qui nous rend hommage,*
*N'est qu'un volage,*
*Défions-nous*
*D'un vent si doux.*

*Sur les flots*
*Point de repos ;*
*Dans l'empire amoureux*
*L'on n'est guere plus heureux ;*
*Qui laisse le rivage,*
*Court au naufrage,*
*C'est trop risquer*
*Que s'embarquer.*

### CHOEUR.

*Chantons l'Amour, chantons sa gloire,*
*Il triomphe d'un cœur qui méprisoit ses traits :*
*Chantons, publions à jamais*
*Sa nouvelle victoire.*

## FIN DU PREMIER ACTE.

## SECONDE ENTRÉE.

### ACTEURS CHANTANS.

ISABELLE, *Veuve coquette*, M<sup>lle</sup> Romainville.
DORIS, *Sa confidente*, M<sup>lle</sup> Fel.
LEANDRE, *Officier*, M<sup>r</sup> Jelyotte.
CHRISOGON, *Riche Financier*, M<sup>r</sup> Le Page.
UNE BERGERE, M<sup>lle</sup> Jaquet.

### ACTEURS DANSANS.

*FESTE DE VILLAGE;*

*LE MARIE', ET LA MARIE'E;*
Monsieur D-Dumoulin, Mademoiselle Camargo.
*LES PERE ET MERE DU MARIE';*
Monsieur Dupré, Mademoiselle Rabon.
*LES PERE ET MERE DE LA MARIE'E;*
Monsieur Dumay, Mademoiselle Erny.
Monsieur Duval, *Frere du Marié*.
Mademoiselle Puvignée, *Sœur de la Mariée*.
*BERGERS, ET BERGERES;*
Messieurs Matignon, Hamoche.
Mesdemoiselles Courcelle, S<sup>t</sup> Germain.
*PASTRES, ET PASTOURELLES;*
Monsieur Gherardi;
Messieurs Feuillade, De Vice.
Mesdemoiselles Thiery, Beaufort.

## SECONDE ENTRÉE.

# LA VEUVE COQUETTE.

Le théâtre représente un hameau.

### SCENE PREMIERE.

ISABELLE parée d'un deüil des plus galans.

Ouce liberté du veuvage,
Non, je ne vous perdrai jamais ;
Je connois trop votre avantage
Pour renoncer à vos attraits.

Mille amans viennent rendre hommage
A l'éclat de nos yeux, au pouvoir de nos traits ;
Mon cœur avec plaisir écoute leur langage,
Et n'en goûte pas moins une profonde paix.

*Douce liberté du veuvage,*
*Non, je ne vous perdrai jamais;*
*Je connois trop votre avantage*
*Pour renoncer à vos attraits.*

## SCENE II.

### ISABELLE, DORIS.

#### DORIS.

*Vous jouissez d'un sort tranquille;*
*Dès que la Parque eut mis votre époux au tombeau,*
*Près de ce paisible hameau*
*Vous prîtes pour pleurer, le plus riant azile;*
*Et bientôt les Amours, les Jeux & les Plaisirs*
*Chasserent loin de vous les pleurs & les soupirs.*

#### ISABELLE.

*L'Amour auprès de moi rassemble*
*Une foule d'adorateurs,*
*Et je trouve mille douceurs*
*A les amuser tous ensemble.*

#### DORIS.

*Tous vos amans se plaignent de leur sort;*
*L'un, près de vous répand des larmes;*
*L'autre, à vos yeux veut se donner la mort.*

#### ISABELLE.

*Quel doux triomphe pour nos charmes!*

## DE THALIE, BALLET.

#### DORIS.

Chrisogon soupire pour vous,
Favori de Plutus, sa richesse est immense.
Vous voyez tous les jours Leandre à vos genoux,
Favori du dieu Mars, il en a l'apparence :
Qui de ces deux amans aura la préférence ?
    Mais, ils s'avancent dans ces lieux,
L'amour & la colere éclatent dans leurs yeux.

#### ISABELLE.

Sous ce feüillage épais, Doris, je me retire :
De deux amans jaloux, j'y verrai l'embaras,
J'entendrai leurs discours....

#### DORIS.

           Vous n'en ferez que rire.

#### ISABELLE.

Et pourquoi n'en rirois-je pas ?

---

### SCENE III.

LEANDRE, CHRISOGON, DORIS.

#### LEANDRE.

Isabelle m'adore & ne vit que pour moi.

#### LE FINANCIER.

Isabelle à moi seul doit engager sa foi.

LEANDRE

Sa bouche mille fois m'a juré qu'elle m'aime.

LE FINANCIER.

Sa bouche mille fois me l'a juré de même :

DORIS, aux deux amans.

Les Belles trompent souvent,
Leur promesses sont frivoles,
Et c'est compter sur le vent
Que de compter sur leurs paroles.

LE FINANCIER.

Pour plaire, j'ai mille vertus,
Jamais mon cœur n'a trouvé de cruelles ;
On est sûr d'être aimé des belles,
Quand on est aimé de Plutus.

LEANDRE.

De la beauté la plus aimable
Je sais attirer les regards ;
A tous les favoris de Mars
L'Amour fut toujours favorable.

DORIS.

Cessez, cessez de disputer,
Tous deux vous avez l'art de charmer une belle.
A l'Officier.
Vôtre tendresse a dequoi nous flatter ;

En montrant le Financier.

Mais la sienne est solide, on peut compter sur elle.

LE

### DE THALIE, BALLET.

LE FINANCIER.
Mais enfin, qui de nous doit être le vainqueur?

LEANDRE, au Financier.
Doris vous apprendra que je regne en son cœur.

DORIS.
Faites expliquer Isabelle,
Elle vient... Je la vois; vous l'apprendrez mieux
d'elle.

## SCENE IV.
ISABELLE, DORIS, LEANDRE,
LE FINANCIER.

ISABELLE, feignant de ne les avoir pas entendus.
L'Un & l'autre en ces lieux, quel sujet vous appelle?

LEANDRE, à ISABELLE.
Je me flattois que l'hymen le plus doux
M'uniroit avec vous.

LE FINANCIER.
J'ai seul droit de prétendre à ce comble de gloire,
Et j'aurois tort d'être jaloux;
Des Amans tels que nous, sont sûrs de leur victoire.

E

## LES FESTES

**LEANDRE.**
Prononcez, qui de nous doit voir combler ses vœux.

**LE FINANCIER,** à ISABELLE.
Quoi ! votre cœur encor balance entre nous deux ?

**LEANDRE.**
Que vois-je ? O Ciel ! Vous semblez incertaine !

**LE FINANCIER.**
Ce choix si vous m'aimiez, vous feroit moins de peine.

**ISABELLE.**
A bannir l'un de vous j'aurois trop de regret,
Doris qui connoît mon secret
Une autrefois pourra vous en instruire.

**DORIS,** à ISABELLE.
Doris veut vous laisser le plaisir de le dire.

**LEANDRE, ET LE FINANCIER.**
Tous ces détours sont superflus.
Choisissez un epoux, et ne differez plus.

**ISABELLE,** feignant de pleurer.
Tant d'empressement me désole,
Veuve à peine depuis deux ans,
Croyez-vous qu'en si peu de temps
Un cœur affligé se console ?

## DE THALIE, BALLET.
### LE FINANCIER.

*Pour chasser loin de vous la tristesse en ce jour,*
*J'ai rassemblé des Bergers d'allentour,*
*J'ai pris soin d'embellir la Fête ;*
*Ils vont former pour vous, les plus aimables jeux :*
*Rien ne coûte pour la conquête*
*D'un Objet qui fait tous nos vœux.*

On entend un bruit de Musique champêtre

### LEANDRE.

*Sur notre hymen enfin, que votre cœur prononce.*

### ISABELLE.

*Après les jeux, vous saurez ma réponse.*

## SCENE V.
*FESTE, OU NOCE DE VILLAGE.*

## DIVERTISSEMENT.

LE MARIE', ET LA MARIE'E, Les Gens de la nôce, et les Acteurs de la Scene précéd.

On joue la Marche.

### CHOEUR DES BERGERS.

Qu'à danser chacun s'apprête,
L'Amour prend soin de la Fête ;
Qu'à danser chacun s'apprête,
Célébrons d'aimables nœuds.

### UNE BERGERE.

Deux cœurs amoureux s'unissent,
L'Amour les a faits tous deux,
  Pour être heureux :
Pour jamais leurs tourmens finissent ;
L'Hymen a comblé leurs vœux.

### LE CHOEUR.

Qu'à danser chacun s'apprête,
L'Amour prend soin de la Fête ;

*Qu'à danser chacun s'appête,*
*Célébrons d'aimables nœuds.*

## LA BERGERE.

*Rien ne vaut la douceur extrême*
*De posseder l'objet qu'on aime ;*
*Les plaisirs, les ris, les jeux,*
*Sont le doux prix des plus beaux feux.*

## CHOEUR.

*Qu'à danser chacun s'apprête,*
*L'Amour prend soin de la Fête;*
*Qu'à danser chacun s'apprête,*
*Célébrons d'aimables nœuds.*

On danse.

## CHOEUR.

*Du Dieu d'hymen chantons les douces flammes,*
*Qu'il enchaîne nos tendres cœurs ;*
*N'éteignons jamais les ardeurs*
*Que son flambeau fait naître dans nos ames.*

## DORIS, à ISABELLE.

*Aimez, aimez, qu'attendez-vous ?*
*Cédez aux charmes les plus doux ;*

## LES FESTES

*Sur les aîles du Temps, la jeuneſſe s'envole.*
*C'eſt un amant qui conſole*
*De la perte d'un Epoux.*

*Aimez, aimez, qu'attendez-vous ?*
*Cédez aux charmes les plus doux.*

On danſe.

On reprend la Marche, et la Nôce s'en va.

### SCENE VI.
### ISABELLE, DORIS, LEANDRE, LE FINANCIER.

#### LE FINANCIER.

*CEs jeux en ma faveur ont dû toucher votre ame :*
*Imitez ces Bergers, et que leur tendre flamme*
*Vous faſſe décider ſur l'objet de vos vœux.*

#### ISABELLE.

*Penſez-vous que mon cœur balance entre vous deux ?*

#### LEANDRE, ET LE FINANCIER.

*Prononcez ſi l'Hymen joindra mon ſort au vôtre :*
*Eſt-ce à moi qu'il promet les plaiſirs les plus doux ?*

#### ISABELLE.

*Je pourrois plus long-tems vous tromper l'un & l'autre :*

## DE THALIE, BALLET.

*à l'Officier.*
*Mais mon cœur ne sent rien, Ni pour vous...*

*Au Financier.*
*Ni pour vous.*

Elle sort avec DORIS, qui leur fait à tous deux une grande révérence.

### LEANDRE.

*Avec quelqu'Objet plus aimable*
*Je vais me consoler d'avoir perdu mes soins.*
*On n'en est pas plus miserable;*
*Pour une Maîtresse de moins.*

## FIN DE LA SECONDE ENTREE.

## TROISIÈME ENTRÉE.

### ACTEURS CHANTANS.

CALISTE, *Femme de Dorante*, M<sup>lle</sup> Chevalier.
DORINE, *Femme de Zerbin*, M<sup>lle</sup> Bourbonnois.
DORANTE, *Epoux de Caliste*, M<sup>r</sup> De Chaßé.
ZERBIN, *Epoux de Dorine*, M<sup>r</sup> Cuvillier.
UN MASQUE, M<sup>r</sup> Poirier.

### ACTEURS DANSANS.
### LE BAL.

MASQUES DE DIFFERENTES NATIONS;

Monsieur Dupré;

| Monsieur Pitro, | Mademoiselle Le Breton. |
|---|---|
| M<sup>r</sup> Montservin, | M<sup>lle</sup> Carville. |
| M<sup>r</sup> Matignon, | M<sup>lle</sup> Lyonnois. |
| M<sup>r</sup> Dupré, | M<sup>lle</sup> Rabon. |
| M<sup>r</sup> Malter-;<sup>me.</sup> | M<sup>lle</sup> Erny. |

ARLEQUIN, ARLEQUINE;

| M<sup>r</sup> Feuillade, | M<sup>lle</sup> Thiery. |

MEZETIN, M<sup>r</sup> Caillez, MEZETINE, M<sup>lle</sup> Rosaly.
POLICHINEL, M<sup>r</sup> De Vice, COLOMBINE, M<sup>lle</sup> Puvigné.
Un ARLEQUIN, M<sup>r</sup> F. Dumoulin, Une ARLEQUINE, M<sup>lle</sup> Courcelle.

UN POLICHINEL,
Monsieur Levoir.

# TROISIÉME ENTRÉE.

## LA FEMME.
Le théâtre représente une Salle préparée pour le Bal.

### SCENE PREMIERE.

CALISTE, un masque à la main.

Mour, charmant vainqueur,
Que ton empire a de douceur,
Lorsqu'on ne craint point de rivale!

Sans partage aujourd'hui je regne dans un cœur,
Qui croit brûler d'une infidele ardeur :
O douceur sans égale !

Amour, charmant vainqueur,
Que ton empire a de douceur,
Lorsqu'on ne craint point de rivale!

## SCENE II.
### CALISTE, DORINE.

#### DORINE.

ON fait à vos appas une offense mortelle,
Voyez cet appareil pompeux ;
Votre époux qui vous croit absente de ces lieux,
Votre époux infidele
Prépare cette fête à l'objet de ses feux.

#### CALISTE.

Je ris de son amour, comme de ta colere.

#### DORINE.

Souffrir sa trahison, et la voir de si près !
Vengez-vous de l'objet que l'Ingrat vous préfere.

#### CALISTE.

Je ne me vengerai jamais
D'une rivale qui m'est chere.

Voi l'objet dont son cœur adore les attraits :
Dans un bal l'autre jour l'amour fit ce miracle ;
Le masque lui cachoit mes traits,
Ses desirs curieux s'irritoient de l'obstacle.

# DE THALIE, BALLET.

*Je le quittai timide... inquiet... amoureux :*
*Je lui promis dans peu de m'offrir à sa vûe ;*
*Et c'est pour découvrir enfin son Inconnue,*
    *Qu'il a fait préparer ces jeux.*

### DORINE.

    *Voilà les hommes.*
*D'un bien que l'on possede oublier les appas,*
    *C'est la mode au siecle où nous sommes ;*
    *On veut un bien que l'on n'a pas :*
    *Voilà les hommes.*

### CALISTE ET DORINE.

*Quand l'Hymen, aux amans, vient présenter ses*
                                      *chaînes,*
    *L'Amour s'envole pour jamais,*
    *Et nous perdons tous nos attraits,*
    *En cessant d'être souveraines.*

### CALISTE.

*Mon Epoux vient... allons sous ce masque trompeur,*
    *Jouir encor de son erreur*

## SCENE III.
### DORANTE, ZERBIN.

#### ZERBIN.

*Votre Epouse est partie, elle est loin de la ville,*
*Et vous voilà le maître pour deux jours.*

#### DORANTE.

*Zerbin, que je suis peu tranquile,*
*C'est ici que j'attens l'objet de mes amours.*
*Je vais donc voir les traits de celle qui m'enchante,*
*J'ai peine à retenir ma joye impatiente.*

#### ZERBIN.

*Pourquoi faire à Caliste une infidelité ?*
*Quel caprice est le vôtre ?*
*Epoux d'une rare beauté,*
*Pouvez-vous en aimer une autre ?*

#### DORANTE.

*Caliste merite mes soins,*
*A regret mon cœur est volage;*
*Je sens que je ne puis l'estimer davantage;*
*Mais je sens malgré moi, que mon cœur l'aime moins.*

### DE THALIE, BALLET.
#### ZERBIN.
*Vaut-elle moins que l'Inconnue ?*
#### DORANTE.
*Quelle difference ! Ah grands dieux !*
*Par un charme secret mon ame fut émue,*
*Oui, toutes ses beautez s'expliquoient par ses yeux ;*
*Mais ses traits dans ce jour vont s'offrir à ma vûe,*
*Et l'amour va remplir mes desirs curieux.*

#### ZERBIN.
*Démasquer ce qui nous fait plaire,*
*C'est s'exposer au repentir.*

*Il est dangereux de sortir*
*D'une erreur qui nous est chere.*

*Démasquer ce qui nous fait plaire,*
*C'est s'exposer au repentir.*

CALISTE & DORINE paroissent masquées.

#### DORANTE, appercevant son Inconnue.
*La vois-tu ? Quels attraits !...Caliste est moins aimable.*

#### ZERBIN, la considerant.
*Je crois à ses appas le masque favorable.*

## SCENE IV.
### CALISTE, DORINE, masquées, DORANTE, ZERBIN, Troupe de Masques.

#### CHOEUR des Masques.

Chantons, dansons, accourons-tous,
   Que chacun fasse sa conquête ;
Goûtons les plaisirs les plus doux ;
Et que l'amour soit de la fête.

#### DORANTE, à CALISTE.

Charmant Objet de mon amour,
Vous faites seule ici l'ornement de la fête ;
Venus & sa brillante cour
Embelliroient moins ce séjour :
Prenez part à ces jeux, que l'amour vous apprête.

*Dorante & Caliste commencent le Bal, & dansant ensemble.*

*Les Masques dansent.*

#### DORINE, masquée.

J'apperçois Zerbin mon époux,
Il ne me connoît pas... parlons, approchons-nous,
Voyons si l'exemple du Maître
N'en a point fait un second traître.

*Vous semblez éviter mes pas ?*
### ZERBIN.
*Qui moi ? J'ai d'autres soins en tête.*
### DORINE, masquée.
*Peut-être cherchez-vous ici quelque conquête ?*
### ZERBIN.
*Vous ne vous y connoissez pas.*
### DORINE.
*Et dans un bal que venez-vous donc faire ?*
### ZERBIN.
*J'accompagne un maître amoureux.*
### DORINE.
*Et vous ; rien ne peut vous y plaire ?*
### ZERBIN.
*Le sexe dès long-tems me rend trop malheureux.*
### DORINE.
*Aimeriez-vous quelque inhumaine ?*
### ZERBIN.
*Quoi, suis-je fait pour les rigueurs ?*
### DORINE.
*Est-il rien de plus doux qu'amour & ses faveurs ?*
### ZERBIN.
*Est-il rien de plus dur que l'hymen & sa chaîne ?*
### DORINE.
*Et pourquoi de l'hymen détestez-vous les loix ?*
### ZERBIN.
*De ses fers je sens trop le poids.*

### LES FESTES

#### DORINE.
Quels défauts a donc votre Epouse ?

#### ZERBIN.
Elle est prude, bizarre, incommode, jalouse ;
Elle m'a dégoûté de son sexe trompeur,
 Peut-être seriez-vous comme elle ?
Je la déteste... & grace à sa mauvaise humeur,
 Je lui serai toujours fidele.

ON RECOMMENCE LE DIVERTISSEMENT.
DORANTE donne la main à CALISTE, et la conduit sur le devant du théâtre.

#### DORANTE, à CALISTE masquée.
Vous connoissez mon cœur, accordez à mes yeux
 Le bonheur d'admirer vos charmes.

#### CALISTE masquée.
Ne me voyez jamais, vous m'en aimerez mieux.

#### DORANTE.
Quels discours ! Quels soupçons ! Qu'ils me causent
         d'allarmes !

#### CALISTE.
Je veux vôtre bonheur.

#### DORANTE.
     En est-il sans vous voir ?

#### CALISTE.
Si j'accorde à vos yeux un si foible avantage,
 Mes charmes perdront leur pouvoir.
A vous cacher mes traits l'amour même m'engage,
 Et m'en impose le devoir.

#### DORANTE.

## DE THALIE, BALLET.

#### DORANTE.
L'amour est offensé de tant de résistance.

#### CALISTE.
Je dois craindre vôtre inconstance.

#### DORANTE.
Ah! Permettez qu'à vos genoux
Je calme ces vaines allarmes ;
L'amour fait mon devoir de céder à vos charmes,
Et me dit en secret qu'il faut n'aimer que vous.

#### CALISTE.
Ne portez-vous point d'autres chaînes ?
Aucun objet n'a-t-il pû vous charmer ?

#### DORANTE.
Vous estes de mon cœur maîtresse souveraine.

#### CALISTE.
D'autres que moi peut-être ont sû vous enflammer ?

#### DORANTE.
Quel autre objet que vous pourroit jamais me plaire ?

#### CALISTE.
Mais quoi! N'avez-vous point de reproche à vous
      faire ?

## LES FESTES

DORANTE, à part.
Dieux ! Sauroit-elle mes liens ?

CALISTE.
Vous vous troublez....

DORANTE.
O Ciel !

CALISTE.
Quelle eſt une Caliſte;
Dont les attraits peut-être effacent tous les miens ?

DORANTE, un peu déconcerté.
Caliſte, dites-vous ?

CALISTE.
Quoi ! Ce nom vous attriſte ?
Vous ſemblez interdit ?...Vous l'aimez....je le voi.

DORANTE.
Non, je n'aime que vous, je m'en fais une loi.

CALISTE.
Vous vous trompez...elle regne en votre ame.

DORANTE.
Il eſt vrai, je l'aimai, je ne m'en défens pas ;
Mais, ne m'accuſez point d'avoir éteint ma flamme,
C'eſt un crime de vos appas.

CALISTE.
Mais auprès d'elle, enfin, ſi l'Amour vous rappelle ?

DORANTE.
L'Amour vous fait triompher d'elle.

### CALISTE.
*Pourrez-vous l'oublier ?*
### DORANTE.
*Oui, je vous le promets.*
### CALISTE.
*Vous ne l'aimerez plus ?*
### DORANTE.
*Non.*
### CALISTE.
*Quoi, jamais ?*
### DORANTE.
*Jamais.*

CALISTE & DORINE se démasquent.
### ZERBIN.
*Juste Ciel ! Quel trouble est le nôtre !*

DORANTE, d'un air riant sans se troubler.

*Caliste, je suis trop heureux,*
*L'Amour nous contente tous deux.*
*Rivalle de vous-même & sans en craindre d'autre,*
*L'Amour après l'Hymen veut resserrer nos nœuds.*

### CALISTE.
*Votre caprice est digne qu'on l'admire,*
*Et je pourrois m'en irriter :*
*Mais je dois vous imiter,*
*Et comme vous, j'en veux rire.*

## LES FESTES DE THALIE, B.

### CALISTE, ET DORANTE.

Tendre Amour, dans nos cœurs lance de nouveaux feux;
L'Hymen sans ton secours, ne peut nous rendre heureux.

On danse.

### CHOEUR.

Goûtons de doux amusemens,
Le Bal offre des plaisirs charmans :
Tout plaît, tout contente,
Tout rit, tout enchante ;
Les plus doux plaisirs
Comblent nos desirs.

On danse.

### LE CHOEUR.

Pour triompher de tous les cœurs,
L'Amour prend ici ses traits vainqueurs :
Tout plaît, tout contente,
Tout rit, tout enchante,
Les plus doux plaisirs
Comblent nos desirs.

## FIN DE LA TROISIEME ENTRE'E.

# JUPITER,
## VAINQUEUR
# DES TITANS;
## TRAGEDIE
### DONNÉE A VERSAILLES,

Le 11 Decembre 1745.

DE L'IMPRIMERIE
DE JEAN-BAPTISTE-CHRISTOPHE BALLARD,
Doyen des Imprimeurs du Roi, seul pour la Musique.
M. DCC XLV.

*Par exprès Commandement de Sa Majesté.*

*Les Paroles sont de Bonneval*

*La Musique est du Sieur* DE BLAMONT, *Sur-Intendant & Maître de la Musique de la Chambre; Et du Sieur* DEBURI, *son Neveu, Maître de la Musique de la Chambre.*

*Le Ballet est de la Composition du Sieur* LAVAL, *Compositeur des Ballets de* SA MAJESTÉ.

# ACTEURS CHANTANS
## DU PROLOGUE.

APOLLON,            Le S$^r$ De la Tour.
DAPHNIS, *Berger*,     Le S$^r$ Poirier.
UN BERGER,          Le S$^x$ Richer.
PREMIERE BERGERE,   La D$^{lle}$ Fel.
SECONDE BERGERE,    La D$^{lle}$ Canavas.

TROUPE DE BERGERS ET DE BERGERES.

La Scene est dans un Bocage sur les bords de la Seine.

# ACTEURS DANSANS.
## BERGERS ET BERGERES.

*Le S$^r$ Malter-3.,    La D$^{lle}$ Le Breton;*
*Les S$^{rs}$ F-Dumoulin, P-Dumoulin, Matignon,*
*Hamoche, Dumay, Dupré, Gherardi, Feuillade;*
*Les D$^{lles}$ Beaufort, Courcelle, Lyonnois-L., Erny,*
*Thiery, Puvignée, Grognet, Lyonnois-C.*

*On n'a pas crû devoir suprimer quelques Morceaux de cette Piéce, qui ne seront point chantés; on les a seulement distingués par une double virgule, qu'on appelle *Guillemets*, faits ainsi ( ,, ) et que l'on voit au commencement des lignes de ces Morceaux.

## ACTEURS CHANTANS
### DE LA TRAGEDIE.

LE TEMPS.
SATURNE,           Le S<sup>r</sup> De Chassé.
CIBELLE,           La D<sup>lle</sup> Romainville.
JUPITER,           Le S<sup>r</sup> Jelyotte.
JUNON,           La D<sup>lle</sup> Le Maure.
TITAN,           Le S<sup>r</sup> Le Page.
UN SUIVANT DE TITAN, Le S<sup>r</sup> Person.

### SUIVANS DE TITAN.

PLUTON,           Le S<sup>r</sup> Albert.
NEPTUNE,           Le S<sup>r</sup> Cuvillier.

### TROUPE DE CORIBANTES.

LE GRAND-PRETRE DU DESTIN,
Le S<sup>r</sup> Le Page.

DEUX MINISTRES DU DESTIN,
Les S<sup>rs</sup> De la Tour, & Cuvillier.

MINISTRES DU DESTIN.

## ACTEURS CHANTANS.

LE SOMEIL.
MORPHÉE,          Le Sr Poirier.
UN SONGE AGREABLE,   La Dlle Fel.
SONGES DE LA SUITE DU SOMEIL.

LA TERRE,         La Dlle De Lalande.
GEANS.
UNE BERGERE,     La Dlle Bourbonnois.
UN BERGER,        Le Sr Poirier.
TROUPES DE BERGERS ET DE BERGERES.

L'AMOUR,         La Dlle Coupé.
UN PLAISIR,       Le Sr Poirier.

TROUPE DE DIVINITÉS.

# ACTEURS DANSANS
## DE LA TRAGEDIE.
### PREMIER ACTE.
#### TITANS.

Le S$^r$ Pitro;
Les S$^{rs}$ Monservin, Dumay, Gherardy, Dupré, De Vice, Javillier-C., Malter-C., Matignon.

### SECOND ACTE.
#### CORIBANTES.

La D$^{lle}$ Lyonnois-L.;
Les D$^{lles}$ Courcelle, S$^t$ Germain;
Les S$^{rs}$ Caillez, Feuillade, Malter-C., Dangeville, Hamoche, F-Dumoulin;
Les D$^{lles}$ Carville, Rosalie, Rabon, Erny, Beaufort, Thiery.

### TROISIE'ME ACTE.
#### MINISTRES DU DESTIN.

Les S$^{rs}$ Monservin, Javillier-L. Javillier-C.;
Les S$^{rs}$ Gherardy, De Vice, Dumay, Dupré, Matignon, Levoir, P-Dumoulin, Feuillade.

## QUATRIEME ACTE.

L'AMOUR,          Le S$^r$ Laval.
L'ESPERANCE,        La D$^{lle}$ Puvignée.

### SONGES AGREABLES.

Le S$^r$ D-Dumoulin, La D$^{lle}$ Sallé.
Les S$^{rs}$ Monservin, Javillier-C., Dumay, Dupré;
Les D$^{lles}$ Rabon, Rosalie, Thiery, Beaufort.

### BERGERS ET BERGERES.

La D$^{lle}$ Camargo;
Les S$^{rs}$ Malter-L., Malter-3., Hamoche, Levoir;
Les D$^{lles}$ S$^t$ Germain, Courcelle, Puvignée, Lyonnois-C.

## CINQUIEME ACTE.

### LES GRACES.

Les D$^{lles}$ Lyonnois-L., Courcelle, S$^t$ Germain.

### JEUX ET PLAISIRS.

Les S$^{rs}$ De Vice, Malter-C.;
Les D$^{lles}$ Rosalie, Petit.

### AMOURS. | NYMPHES.

Les S$^{rs}$ Bourgeois, Moizet. | Les D$^{lles}$ Gaubet, Gautier.

### DIVINITES.

Le S$^r$ Dupré;
Le S$^r$ Monservin,     La D$^{lle}$ Carville;
Les S$^{rs}$ Gherardy, Javillier-C., Caillez, Feuillade;
Les D$^{lles}$ Rabon, Erny, Thiery, Beaufort.

## ACTEURS ET ACTRICES,
*Chantans dans tous les Chœurs.*

| DU CÔTÉ DU ROY; | | DU CÔTÉ DE LA REINE; | |
|---|---|---|---|
| *Les Demoiselles* | *Les Sieurs* | *Les Demoiselles* | *Les Sieurs* |
| Dun, | Lefebvre, | Cartou, | Dun, |
| Tulou, | Marcelet, | Monville, | Perſon, |
| Delorge, | Albert, | Lagrandville, | De Setre, |
| Varquin, | Le Page-C., | Maſſon, | Gratin, |
| Dallemand-C., | Laubertie, | Rollet, | St. Martin, |
| Larcher, | Le Breton, | Deſgranges, | Le Meſle, |
| Delaſtre, | Lamarre, | Gondré, | Chabou, |
| Riviere. | Fel, | Verneuil, | Levaſſeur. |
| | Bourque, | | Belot, |
| | Houbeau, | | Louatron, |
| | Bornet, | | Foreſtier, |
| | Cuvillier, | | Theraſſe, |
| | Gallard, | | Dugay, |
| | Duchênet, | | Le Begue, |
| | Orban, | | Cordelet, |
| | Rochette. | | Rhone. |

MUSETTES, HAUT-BOIS, BASSONS,
Les Srs Chefdeville, Abram. Deſpreaux, Monot. Brunel, Rault.

PROLOGUE.

# PROLOGUE.

Le theâtre repréſente un bocage ſur les bords de la Seine, les arbres ſont ornés de guirlandes de fleurs.

## SCENE PREMIERE.
### TROUPE DE BERGERS ET DE BERGERES.
#### CHOEUR.

AH! Qu'il eſt doux de ſuivre
Les amoureuſes loix !
Ah ! Qu'il eſt doux de vivre,
Pour aimer dans nos bois !

#### UN BERGER.
Il n'eſt point pour l'Amour de retraite plus belle.
#### UNE BERGERE.
Tout flatte les Amans dans cet azile heureux.
#### UN BERGER.
L'indifférent y devient amoureux !
#### UNE BERGERE.
L'inconſtant y devient fidéle.

# PROLOGUE.

## ENSEMBLE.

Dans ce riant séjour,
On ne respire que l'amour.

## CHOEUR.

Ah! Qu'il est doux de suivre
Les amoureuses loix!
Ah! Qu'il est doux de vivre,
Pour aimer dans nos bois!

## UNE BERGERE,
Alternativement avec le Chœur.

Chantons, dansons sous cet ombrage,
Tout rit à nos desirs;
Profitons du printems de l'âge,
Ne formons que d'heureux soupirs:
Il n'est rien qui nous dédomage
De la douceur de nos beaux jours;
Qu'ils enchaînent dans ce boccage,
Les jeux, les plaisirs, les amours.

# PROLOGUE.
## UN BERGER.

Un desir pressant, aussi tendre
Que le soin amoureux des plus belles ardeurs;
Dans ce séjour nous engage à nous rendre :
Daphnis a vû le plus grand des Vainqueurs,
Du recit de sa gloire, il va charmer nos cœurs;
Quel plaisir pour nous de l'entendre !

## UNE BERGERE.

Daphnis paroît, il se rend à nos vœux;
Pour l'écouter, interrompons nos jeux.

---

# SCENE II.
## DAPHNIS,
Et les Acteurs de la Scene précédente.

### UNE BERGERE, à DAPHNIS.

Cedés à notre impatience.

### UN BERGER.

Parlez-nous du Heros qui nous donne des loix.

### UNE BERGERE.

Retracés-nous ses grands exploits,
Ses vertus, sa magnificence.

# PROLOGUE.

### DAPHNIS.

*Des rives de la Seine à sa Cour transporté,*
*Que j'ai vû de grandeur ! D'éclat ! De majesté !*

### UNE BERGERE.

*Vous avés vû ce Roy, l'honneur du Diadême ?*

### DAPHNIS.

*J'ai vû Mars & l'Amour, j'ai vû Jupiter même :*
*Sa Cour a tout l'éclat qui brille dans les cieux.*

*S'il doit son trône à sa naissance,*
*Sa valeur le rend glorieux :*
*Il fait adorer sa puissance,*
*C'est ainsi que regnent les Dieux.*

*Il préféroit la Paix aux fureurs de la Guerre,*
*Ses Ennemis ont voulu la troubler :*
*Mais le bruit seul de son tonnerre*
*Les a tous, fait trembler.*

### CHOEUR DE BERGERES.

*„ L'Envie envain conspire :*
*„ Un peuple de guerriers suit ses drapeaux vainqueurs :*
*„ Tout est à redouter du Maître d'un Empire,*
*„ Qui l'est encor de tous les cœurs.*

## PROLOGUE.
### CHOEUR DE BERGERS.

Dieux ! Ne bornés jamais ses belles destinées :
Du plus cheri des Rois ne soyés point jaloux,
Ah ! Si nos vœux pouvoient prolonger ses années,
Notre amour le rendroit immortel comme vous.

### DAPHNIS.

Chantez-tous ce Heros sur vos tendres Musettes,
Célébrez le Maître des cœurs :
Laissez à ses Guerriers, à ces fameux Vainqueurs,
Les Timballes & les Trompettes :
Chantez-tous ce Heros sur vos tendres Musettes,
Célébrez le Maître des cœurs.

### LE CHOEUR.

Chantons-tous ce Heros sur nos tendres Musettes,
Célébrons le Maître des cœurs :
Laissons à ses Guerriers, à ces fameux Vainqueurs,
Les Timballes & les Trompettes :
Chantons-tous ce Heros sur nos tendres Musettes,
Célébrons le Maître des cœurs.

*On danse.*

## PROLOGUE.

### UNE BERGERE.

*Sur les Autels de la Cour immortelle,*
*Un pur encens s'offre au Maître des Cieux :*
*Le tendre zele*
*D'un cœur fidéle ;*
*Pour un Heros, est aussi glorieux ;*
*Que les parfums précieux*
*Qu'on brûle pour les Dieux.*

On danse.

### UNE BERGERE.

*Chantons cent fois, et répetons encore :*
*Notre Heros est digne qu'on l'adore !*

### CHOEUR.

*Chantons cent fois, et répetons encore :*
*Notre Heros est digne qu'on l'adore !*

### LA BERGERE.

*Au sage Roi qui tient ici sa Cour,*
*On ne rend point de respects sans amour.*

# PROLOGUE.
## CHOEUR.

*Chantons cent fois, et répetons encore :*
*Notre Heros est digne qu'on l'adore !*

## LA BERGERE.

*Il doit sa gloire aux Dieux qui l'ont formé,*
*Il ne doit qu'à lui seul le bonheur d'être aimé.*

## CHOEUR.

*Chantons cent fois, et répetons encore :*
*Notre Heros est digne qu'on l'adore !*

## DAPHNIS.

*Mais, quel éclat ! Quels sons mélodieux ?*
*C'est Apollon qui paroît à nos yeux.*

## SCENE III.

### APOLLON,
Et les Acteurs de la Scene précédente.

APOLLON, dans son Char.

Pour des chants plus pompeux, la trompette guerriere
　　Me fait descendre ici bas :
　　Un nouveau Dieu des combats,
　S'ouvre une immortelle carriere.

　Rien ne se peut comparer aujourd'hui,
Aux vertus d'un Heros, dont l'ardeur vive & pure,
Dans le fond de son cœur surmontant la nature,
Guide son Fils, combat, et triomphe avec lui.

　　Je vais sur une auguste Scene,
　　Chanter les plus fameux exploits :
　　On y reconnoîtra sans peine,
Dans le plus grand des Dieux, le plus parfait des Rois.

FIN DU PROLOGUE.

JUPITER,

# JUPITER,
## VAINQUEUR DES TITANS;
### *TRAGEDIE.*

## ACTE PREMIER.
Le théâtre repréſente le Palais DE SATURNE.

## SCENE PREMIERE.
### JUNON.

SATURNE ! O mon Pere !
Que le jour qui me luit eſt fatal à mes
                                   yeux !
La guerre eſt favorable à Titan votre
                                   frere,
Son bras eſt triomphant, il vous ravit les cieux.

B

## JUPITER,

*O! Saturne! O mon Pere!*
*Que le jour qui me luit est fatal à mes yeux!*

*Viens, Jupiter, viens calmer mes allarmes,*
*Les Destins ont prédit que ton amour pour moi,*
*Sur le trône des Dieux, feroit briller tes armes,*
*Et que les fiers Titans subiroient notre loi:*
*Si mon cœur a pour toi des charmes,*
*Cher Amant, mérite ma foi;*
*Rends le monde à Saturne, et Junon est à toi.*

*Helas! Où peut être Cibelle?*
*Sa présence rendroit ma peine moins cruelle.*

## SCENE II.
### CIBELLE, JUNON.

#### ENSEMBLE.

*Ah ! Ma fille,*
*Ah ! Déesse,* } *est-ce vous ?*

#### CIBELLE.

*Je vais dans peu d'instans*
*Tomber dans les fers des Titans ;*
*Votre pere, déja, succombe sous leurs chaînes :*
*Mais, ma fille, esperons de voir finir nos peines ;*
*Jupiter en ce jour, s'interresse pour nous,*
*Lui seul peut nous vanger de leurs funestes coups.*

#### JUNON.
*N'aprendrons nous jamais quelle est son origine ?*

#### CIBELLE.
*N'en doutez point, elle est divine :*
*Les foudres qu'il porte en ses mains*
*En sont des signes trop certains.*

## JUPITER, JUNON.

*Notre amour s'est accru dans l'ombre & le silence,*
*Ce Heros trop charmant, doit l'annoncer aux cieux :*
*Qu'il est doux de tenir la suprême puissance*
*Des mains d'un amant glorieux !*

### ENSEMBLE.

*Lance tes traits, arme toi de la foudre,*
*Vange nos funestes revers :*
*Que ta puissance éclatte dans les airs,*
*Réduis nos ennemis en poudre.*

### CIBELLE.

*Helas ! Ce Jupiter, si terrible ! Si grand !*
*Qui vaincra l'univers, si son bras l'entreprend,*
*Soumis aux loix d'un Pere inexorable,*
*De ses ans fortunés verra finir le cours,*
*Si le sort favorable*
*Ne cache sa naissance à l'auteur de ses jours.*

### JUNON.

*Il faut que ce secret demeure impénétrable ?*
*Mais comment nous flatter qu'il le sera toujours ?*

# TRAGEDIE.
### CIBELLE.

*Pour ses freres & lui, j'osai tout entreprendre :*
*Elevés dans mon Temple à l'ombre des autels,*
*Ils doivent tous trois nous deffendre.*
*Pour remplir du Destin les decrets éternels,*
*Jupiter va donner un maître aux immortels.*

### ENSEMBLE.

*Lance tes traits, arme toi de la foudre,*
*Vange nos funestes revers :*
*Que ta puissance éclatte dans les airs,*
*Réduis nos ennemis en poudre.*

### CIBELLE.

*On vient !*

### JUNON.

*O Ciel ! Quelles horreurs !*

### CIBELLE.

*Evitez des Titans les barbares fureurs ;*
*Descendez chez mes Coribantes,*
*Instruisez votre amant, de nos communs malheurs,*
*Allumez d'un regard, ses foudres menaçantes.*

JUNON sort.

## SCENE III.
### CIBELLE, UN DES TITANS.
### LE TITAN.

CIBELLE, il faut porter des fers;
Vous trahiſſés Titan, vous êtes criminelle.
Venez ſubir l'arrêt d'une peine éternelle,
Venez, il faut me ſuivre & deſcendre aux enfers.

### CIBELLE.

Du faîte des grandeurs, Ciel ! Où ſuis-je entraînée !
Deſtin, tu vois l'oprobre où je ſuis condamnée ?
Je te laiſſe mes fils pour vanger l'univers.

### LE TITAN.

Venez, il faut me ſuivre & deſcendre aux enfers.

Ils enchaînent CIBELLE, et l'entraînent aux enfers.

## SCENE IV.
TITAN, ET SA SUITE.
CHOEUR DES TITANS.

VOUS avés triomphé d'une implacable rage,
Saturne est tombé sous vos traits :
Poursuivons ses enfans, qu'un funeste esclavage
Les tienne sous vos loix, enchaînés à jamais.

### TITAN.

Le Ciel devient aujourd'hui mon partage.
Ma valeur & votre courage
Remettent dans mes mains un Sceptre glorieux ;
Enfin, je vais regner & commander aux Dieux.

Pour obéir aux loix d'une orgueilleuse mere,
J'avois cedé le trône à Satune mon frere ;
Mais ce sacrifice cruel
Ne devoit point être éternel.

Par un serment terrible, inviolable,
Pour regner sur les Cieux ce frere impitoyable,
Promit que ses fils malheureux
Périroient en naissant, sous ses coups rigoureux :

## JUPITER.

„ Cet accord sanguinaire
„ Fit reculer d'horreur l'Astre qui nous éclaire;
„ Cependant, il devoit nous ramener un jour
„ A l'Empire brillant du Céleste séjour.

Saturne a trompé mon attente,
Le parjure en secret a sauvé ses enfans :
Sans notre victoire éclatante,
Nous perdions pour jamais le sceptre des Titans.

## CHOEUR DES TITANS.

Vous avés triomphé d'une implacable rage,
Saturne est tombé sous vos traits :
Poursuivons ses enfans, qu'un funeste esclavage
Les tienne sous vos loix, enchaînés à jamais.

## TITAN.

Suspendez les transports qu'éxcite votre zéle;
Honorez ce grand jour d'une fête immortelle :
Des charmes de la Gloire offrez tous les attraits;
C'est pour les vrais Heros que ses plaisirs sont faits.

CHOEUR

## TRAGEDIE.

CHOEUR DES TITANS ET DES DIVINITÉS.

Que le Ciel à jamais célébre la mémoire
De nos exploits victorieux :
Terre, imités les Cieux,
Aplaudissez à notre gloire.

On danse.

UN TITAN,
Alternativement avec le Chœur.

Jour cent fois mémorable !
Sois à jamais durable :
Que nos accords divers,
Nos bruyans concerts
Frappent les airs :
Gloire toujours brillante,
Ton éclat nous enchante :
Regne dans ces beaux lieux,
Préside à nos jeux,
Recois nos vœux.

On danse.

## JUPITER.
### DEUXIEMEME COUPLET.

*Les dangers, les allarmes,*
*Sont la gloire des armes :*
*Loin d'un honteux repos,*
*Les constans travaux*
*Font les Heros.*

*Le cris de la victoire,*
*Est le chant de la gloire :*
*Que ce bruit enchanteur,*
*Pour l'heureux vainqueur,*
*A de douceur !*

## TITAN.

*Cessez vos jeux; recommençons la guerre.*
*Cherchons nos ennemis, jusqu'au bout de la terre.*

### FIN DU PREMIER ACTE.

# ACTE SECOND.

Le Théatre repréfente les Jardins fecrets du Temple de Cibelle en l'Ifle de Crête, dans lefquels les Coribantes avoient élevé Jupiter, Neptune & Pluton. Ils les gardoient dans cet azile, afin que Saturne & les Titans ne puffent les découvrir.

## SCENE PREMIERE.
### JUPITER.

RANSPORTS *impétueux de la*
*plus vive flamme,*
*En faveur de Junon, éclatés en ce jour :*
*Les malheurs de fon pere ont pénétré*
*mon ame,*
*Il faut en le vengeant, annoncer mon amour.*

*J'ai languis trop longtems dans ce charmant azile,*
*J'y paffe une vie inutile,*
*Dérobons-nous à fes appas ;*
*L'innocence a befoin du fecours de mon bras.*

# JUPITER,

Mais quelle ardeur m'emporte ? Et quelle audace
extrême !
O ! Jupiter ! Te connois-tu toi-même ?
Je m'ignore, il est vrai, mais j'entends le Destin,
Son pouvoir n'a point mis la foudre dans ma main,
Pour la laisser oisive au milieu de la guerre :
Les Dieux l'ont déclarée, il faut quitter la terre.
O Destin ! Ouvre-moi les Cieux,
Je brûle d'attaquer les Dieux.

Transports impétueux de la plus vive flamme,
En faveur de Junon, éclatez en ce jour :
Les malheurs de son pere ont pénétré mon ame,
Il faut en le vangeant, annoncer mon amour :

C'est Junon qui paroît, elle répand des larmes ;
Tirans des Cieux, tremblez, vous causés ses allarmes.

## SCENE II.
### JUPITER, JUNON.
#### JUNON.

Vous connoissés nos maux, et quel est mon amour,
Jupiter, c'est vous seul que j'implore en ce jour.

#### JUPITER.

Cessez vos pleurs, laissez éclater ma colére,
Les Titans vont tomber dans les gouffres cruels,
Où le Ciel fait gémir ses enfans criminels,
Vous reverrés Saturne & votre mere.

#### JUNON.

Hélas !

#### JUPITER.

Vous soupirés, Déesse, doutez-vous
Des effets glorieux de mon juste courroux ?

#### JUNON.

Notre esperance est dans vos armes,
Tout doit céder à leur effort :
Mais, hélas ! Je redoute un si puissant transport.

#### JUPITER.

Ah ! Plûtôt, de mon sort ressentez tous les charmes.

### JUPITER.

*L'Amour m'a soumis votre cœur ;*
*Un triomphe si beau va me combler de gloire :*
*Il ne manquoit à mon bonheur,*
*Que de vous obtenir des mains de la Victoire.*

### JUNON.

*Je vous aime, je crains!.....Si le Destin, hélas!*
*Avoit assujetti Jupiter au trépas,*
*Quel seroit mon malheur ! Junon est immortelle.*

### JUPITER.

*Le Ciel doit aprouver une flamme si belle,*
*Témoin de l'effort de mes coups,*
*Je veux qu'à ma grandeur lui-même il porte envie :*
*Envain le sort jaloux,*
*Au pouvoir de la Parque auroit livré ma vie :*
*Je deviens immortel en combattant pour vous.*

### JUNON.

*Saturne, c'est pour toi, que le Heros que j'aime,*
*Va s'exposer à des périls affreux :*
*Sans toi, sans ton sort rigoureux,*
*Notre bonheur seroit extrême.*

*Loin des vaines grandeurs, en des lieux pleins d'apas,*
*Il est doux de fixer les pas*

## TRAGEDIE.

*De la fortune vagabonde :*
*Contents de notre amour, dans une paix profonde,*
*Nous laisserions aux Dieux,*
*Le soin ambitieux*
*De gouverner le monde.*

### JUPITER.

*Vous quitteriés pour moi le céleste séjour ?*
*Ah! Je n'ai plus de vœux à faire :*
*Le bonheur de vous plaire,*
*Rend mon courage égal à mon amour.*
„ *Laissez agir le transport qui me guide.*

### JUNON.

„ *Plus votre amour m'est précieux,*
„ *Plus mon bonheur me rend timide.*

### JUPITER.

„ *Ne craignés rien pour moi de la Parque homicide,*
„ *L'Amour & le Destin couronneront nos feux.*

### ENSEMBLE.

*Amour, doux tiran de nos ames,*
*Lance de nouveaux traits dans nos cœurs enflammés :*
*S'il faut qu'un sort cruel traverse un jour nos flammes,*
*Ah, laisse-nous du moins le plaisir d'être aimés !*

## JUPITER.

Mais, Neptune & Pluton à mes yeux se présentent :
Tout me dit qu'en ce jour, je dois être vainqueur.

# SCENE III.
JUPITER, JUNON, NEPTUNE, PLUTON.

### NEPTUNE, PLUTON.
IL n'est point de périls que nos armes ne tentent.
Jupiter, nous venons seconder ta valeur.

### LES TROIS DIEUX ENSEMBLE.
Courons à la victoire,
Partageons entre-nous les dangers & la gloire :
Nous combattons pour l'Univers,
Dans une heureuse intelligence
Soumettons à notre puissance,
Le Ciel, la Terre, et les Enfers.

### JUPITER.
Quel spectacle répond à mon impatience ?
Le Destin se déclare : un char descend des airs.

### LES TROIS DIEUX.
Courons à la victoire.
Partageons entre nous les dangers & la gloire.

### JUNON.

## TRAGEDIE.
### JUNON.

*Pendant qu'ils montent dans les cieux.*
*Que cet inſtant me fait fremir d'effroi !*
*Je te ſuis dans les airs, je tremble, je friſſonne !*
*Tu diſparois, que mon cœur craint pour toi !*
*Ton projet m'épouvante ! Et ta valeur m'étonne !*
*Tous les Dieux ſont armés, le péril t'environne.*
*Ciel ! Protege un Heros qui s'expoſe pour moi,*
*Conduis ſon bras, ſoumets tout à ſa loi.*

---

## SCENE IV.
### JUNON, LES CORIBANTES.
### JUNON.

*Miniſtres de Cibelle, illuſtres Coribantes,*
*Venez, venez, accourez tous :*
*Chantez de Jupiter les armes foudroyantes,*
*Chantez les traits vainqueurs qu'il va lancer pour nous.*

### CHOEUR.

*Chantons de Jupiter les armes foudroyantes,*
*Chantons les traits vainqueurs qu'il va lancer pour nous.*

*On danſe.*   D

## JUPITER.

On entend le tonnerre, et le fond du théâtre est enflamé d'éclairs.

## JUNON.

*J'entends déja le tonnerre qui gronde,*
*Son bruit, ses éclats furieux*
*Portent l'horreur jusqu'au centre du monde.*

## CHOEUR.

Le bruit redouble pendant le CHOEUR qui suit.

*Triomphe Jupiter, sois le maître des Dieux,*
*La foudre est dans tes mains, l'éclair est dans tes yeux.*
*Le bruit affreux de ton tonnerre*
*Ebranle & les cieux & la terre,*
*Triomphe Jupiter, sois le maître des Dieux.*

Le bruit cesse tout à coup.

## JUNON.

*Mais, d'où naît ce profond silence?...*
*Que ce silence affreux épouvante mon cœur!*

## JUNON, ET LE CHOEUR.

*O Ciel! Quelle est notre esperance!*
*Jupiter, n'es-tu pas vainqueur?*

# TRAGEDIE.
### JUNON.

*Sois sensible à nos vœux, calme un cœur qui t'adore,*
*Ah ! Pour le rassurer fais briller tes éclairs,*
*Et qu'un coup de ta foudre en traversant les airs,*
*M'annonce que du moins tu respires encore.*

On entend des chants de triomphe dans les airs,
le Ciel s'ouvre.

### CHOEUR DE DIVINITE'S.

*De Jupiter célébrons les exploits,*
*L'Olimpe & l'Univers sont soumis à ses loix.*

### JUNON.

*Ah ! Mon amant remporte la victoire,*
*Le Ciel retentit de sa gloire.*

### CHOEUR.

*De Jupiter célébrons les exploits,*
*L'Olimpe & l'Univers sont soumis à ses loix.*

## SCENE V.
JUPITER, JUNON, TROUPE DE DIVINITÉS.

#### JUPITER, descendant du Ciel.

Dieux, qui suivés & Sarturne & Cybelle,
Allez, descendez aux enfers :
Ramenés votre Maître à la Cour immortelle,
Partez ; à leurs Tirans allez donner des fers.

#### à JUNON.

„ Je triomphe belle Déeſſe,
„ J'ai chaſſé les Titans du céleſte ſejour,
„ Saturne y va regner, que votre crainte ceſſe ;
„ A ce trait éclatant connoiſſez mon amour.

#### JUNON.

Votre flamme fidelle & tendre,
Rend l'Univers à nos ſouhaits !
Mon cœur peut-il jamais prétendre
D'acquitter de ſi grands bienfaits ?

#### JUPITER.

„ Lui ſeul fait tout l'éclat dont brille ma victoire,
„ C'eſt mon unique eſpoir, c'eſt mon ſuprême bien :
„ Au comble du bonheur je méconnois la gloire,
„ Sans vous, ſans notre amour, l'Univers ne m'eſt rien.

## SCENE VI.
SATURNE, CIBELLE,
Et les Acteurs de la Scene précédente.

SATURNE ET CIBELLE, à JUPITER.

Quelle reconnoissance
Peut égaler vos bienfaits précieux ?
Montez sur le Trône des Dieux,
Partagez avec nous la suprême puissance.

## JUPITER.
Non, je n'ai point soumis ce glorieux séjour,
Pour le soustraire à votre Empire :
Regnez sur tout ce qui ce qui respire,
Ne récompensez que l'Amour.

Ce digne objet de l'ardeur la plus tendre,
Touche bien plus mon cœur que la Terre & les Cieux :
L'aimer, plaire à ses yeux,
Est le seul prix que j'ose attendre
De mes exploits victorieux.

## SATURNE.
D'un tel himen je cherirois les nœuds :
Mais enfin, ne peut-on aprendre
Quel Immortel vous a donné le jour ?

JUPITER,
JUPITER.
*Je ne connois que ce séjour,*
*Le reste est un secret que je ne puis comprendre.*
SATURNE.
*Pour en être éclaircis consultons le Destin :*
*A l'himen de Junon un Dieu seul peut prétendre.*
JUPITER.
*Le Destin est pour moi, mon bonheur est certain.*
SATURNE.
*Dans son Temple sacré, Saturne va se rendre.*

**FIN DU SECOND ACTE.**

# ACTE TROISIÉME.
Le théâtre représente le Temple du Destin.

## SCENE PREMIERE.
### SATURNE.

UEL secours imprévû ? Quel in-
domptable bras
Me rend la liberté, ma gloire, mes états?
Quel est donc ce vangeur, dont le pou-
voir terrible
Vient de foudroyer à nos yeux
Les coupables enfans des Dieux ?
Ah ! S'il étoit possible,
A tes vertus, à tes coups triomphans
Je te croirois mon fils, mais toujours inflexible,
Pour remplir un serment horrible,
J'ai fait périr tous mes enfans.
Vous des decrets du sort, sages Dépositaires,
Venez commencez vos misteres.

## SCENE II.

### SATURNE,
### LE GRAND-PRETRE DU DESTIN,
entouré de ses ministres.

### SATURNE.

Mon ordre vous assemble en ce lieu redouté :
Sachez du sort, quel sang, illustrant mon empire,
A pû donner au cieux Jupiter indompté,
Et s'il peut aspirer à l'hymen qu'il desire.

### LE GRAND-PRETRE.

*Destin, tu régis tous les temps,*
*Les siecles devant toi sont moins que des instans.*

*Tout finit, tout commence,*
*Selon que tu l'as prononcé :*
*Toi seul ne finis point : Tu n'as point commencé.*

### CHOEUR.

*Destin, tu régis tous les temps,*
*Les siecles devant toi sont moins que des instans.*

## TRAGEDIE.
### LE GRAND-PRETRE.
*Ta voix soumet les Dieux à ton obéissance,*
*La nature est tremblante à tes ordres divers :*
*Le cahos, l'univers,*
*Sa chûte, sa naissance,*
*Sont les sublimes jeux de ta vaste puissance.*
### CHOEUR.
*Destin, tu régis tous les temps,*
*Les siecles devant toi sont moins que des instans.*
### LE GRAND-PRETRE.
*Dans un Livre éternel, que le mistere couvre,*
*Tes décrets sont gravés sur des tables d'airain :*
*L'effort des plus grands dieux voudroit l'ouvrir en vain,*
*C'est le temps seul qui l'ouvre.*

### TROIS MINISTRES,
### ET LE CHOEUR.
*Tes secrets*
*Sont impénétrables,*
*Et tes Arrêts*
*Irrévocables.*

### LE GRAND-PRETRE,
### ET LE CHOEUR.
„ *O ! Divine sévérité !*
„ *O ! favorable obscurité.*

E

JUPITER,
LE GRAND-PRETRE.
,, Sans cette sage prévoyance,
,, Qui du sombre avenir voile la connoissance,
,, Les Dieux trop certains de leur sort,
,, Perdroient tous les plaisirs que donne l'esperance,
,, Et les Humains dans l'abondance,
,, Au milieu des plaisirs, redouteroient la mort.
CHOEUR.
,, Tes secrets
,, Sont impénétrables,
,, Et tes Arrêts
,, Irrévocables.

On danse.

LE GRAND-PRETRE.
Oracle révéré des Dieux,
Toi qu'en ce Temple on adore,
C'est Saturne qui t'implore,
Destin, favorise ses vœux.

On entend un bruit souterrain.

Le Ciel frémit ! La terre tremble,
La Mer est immobile, et les vents arrêtés
N'entendent plus la voix du Dieu qui les assemble.
Le Ciel frémit ! La terre tremble,
Le Destin va répondre, écoutés, écoutés.

# TRAGEDIE.

Le fonds du Théatre s'ouvre, on voit LE TEMPS apuyé sur le globe de l'Univers tenant sa Faux d'une main, et le Livre du Destin de l'autre, le Mistere est à côté de lui.

LE TEMPS élevé sur l'Autel, ouvre le Livre.

### L'ORACLE DU DESTIN.
*Jupiter est du Sang des Dieux,*
*Et l'Epoux de Junon doit regner dans les Cieux.*

Le Livre & la Porte se referment avec bruit & les Ministres se retirent.

---

## SCENE III.
### SATURNE.

*Qu'entends-je! Jupiter, tu deviendrois mon maître!*
*Eh quoi! Je retrouve un rival?*
*O Destin trop fatal!*
*D'un funeste avenir que m'as-tu fait connaître?*
*Jupiter s'avance en ces lieux,*
*Ma peine ne sauroit se cacher à ses yeux.*

## SCENE IV.
### SATURNE, JUPITER.

#### JUPITER.

ENfin, au desir de ma flamme,
Le Destin a-t'il répondu ?

#### SATURNE.

Ah ! Ne voyez vous point au trouble de mon ame,
Que votre espoir est confondu ?

#### JUPITER.

Qu'est-ce donc qu'en ce Temple on vous a fait entendre?

#### SATURNE.

Que l'Epoux de Junon, usurpant mes Autels,
Doit commander aux Immortels.

#### JUPITER.

Contre vos ennemis je viens de vous défendre,
Eh ! Vous craignés de moi des desseins criminels ?

#### SATURNE.

Je crains ce que le sort m'annonce.

#### JUPITER.

Rassurez-vous, et croyés que mon cœur,
Ne vous ravira point la suprême grandeur :
Aux promesses du sort, pour jamais il renonce.

## TRAGEDIE.

### SATURNE.

Quelque soit de l'Amour l'enchantement vainqueur,
Il ne peut détourner le coup que je dois craindre :
  Le temps éteindra votre ardeur,
  L'ambition ne peut s'éteindre.

### JUPITER.

  Si mon amour ambitieux
Avoit voulu jouir des fruits de la victoire,
  Maître des Dieux !
Vous seriez dans les fers, je serois dans les Cieux.
J'ai préféré l'amour à l'éclat de la gloire,
Quand Jupiter le dit, Saturne doit le croire.

### SATURNE.

Non, ma grandeur s'oppose à ce lien,
Je ne veux point de Maître, et vous seriez le mien :

### JUPITER.

J'ai peine à retenir le transport qui m'anime.
  De vos fiers ennemis l'Empire est abatu ;
Craignez à leur exemple un couroux légitime,
  Espérez-vous conserver par le crime,
  Ce qui n'est dû qu'à la vertu ?
J'ai puni les Titans, J'ai vangé votre injure,
Ah ! Je saurai sur vous me vanger d'un parjure.

,, JUPITER. { *Tremblez,* } *je céde à mon courroux,*
,, SATURNE. { *Fuyez,* }

,, *Mon* { *amour outragé ne peut* } *plus se contraindre :*
{ *pouvoir offensé ne peut* }

,, { *Vous craignez* } *les Destins jaloux :*
,, { *Quand je crains* }

,, { *Et c'est Jupiter qu'il faut* } *craindre.*
,, { *C'est à Jupiter à me* }

JUPITER *sort.*

## SCENE V.
### SATURNE, CIBELLE.

#### CIBELLE.

Jupiter sort de ces lieux,
Quel trouble agite son ame?

#### SATURNE.

Le sort a condamné sa flamme,
Son himen le rendroit le souverain des Dieux.
Que la Terre aujourd'hui contre un audacieux
Seconde nos efforts terribles ;
Qu'elle enfante à nos yeux
Des Géants furieux,
Et des monstres horribles
Qui vangent la terre & les cieux.

## SCENE VI.
### CIBELLE.

O Ciel, que de fureurs ! Quelle aveugle colere !
Quelles mains vont s'armer !
Et sur ce terrible miftere
Je suis contrainte de me taire.
Une guerre effroyable eft prête à s'allumer.
,, Epouse ou Mere infortunée,
,, Je vois avec terreur l'affreuse deftinée
,, Qui les menace en ce moment:
,, Epouse ou Mere infortunée
,, Je crains également
,, Saturne ambitieux & Jupiter amant.
Dans ce cruel inftant, O Ciel ! Que dois-je faire ?
Lorsque le malheur nous pourfuit,
Le retarder, peut être falutaire :
L'heureux inftant qui le differe,
Eft souvent ce qui le détruit.
Allons du dieu Morphée implorer l'affiftance;
De ce Heros du moins suspendons la vangeance.

FIN DU TROISIEME ACTE.
ACT. IV.

# ACTE QUATRIÉME.

Le Théatre repréſente le Palais du Sommeil, JUPITER y paroît endormi au milieu des Songes.

## SCENE PREMIERE.
### LE SOMMEIL, MORPHE'E, LES SONGES.
### MORPHE'E.

ONGES *qui me ſuivés, par des jeux agréables,*
*Enchantés Jupiter dans ce charmant ſéjour :*
*Offrez-vous à ſes yeux ſous des formes aimables,*
*Que ce Héros perde en ce jour*
*Le deſir de vanger un malheureux amour.*

F

## JUPITER,
### CHŒUR DES SONGES.

*Par des jeux agréables,*
*Enchantons Jupiter dans ce charmant séjour :*
*Offrons-nous à ses yeux sous des formes aimables,*
*Que ce Héros perde en ce jour*
*Le desir de vanger un malheureux amour.*

### MORPHE'E.

*Regnez dans ces riants bocages,*
*Regnez, Plaisirs mistérieux :*
*Que vos attraits délicieux,*
*Par la diversité de leurs douces images,*
*Attendrissent les cœurs, séduisent tous les yeux.*
*Regnez dans ces riants bocages,*
*Regnez, Plaisirs mistérieux :*

On danse.

UN SONGE sous la forme d'un Amant, cherche à attendrir l'Objet qu'il aime. L'Espérance vient le consoler de ses rigueurs, et lui amene l'Amour, qui tire un trait de son carquois & en blesse l'Indifférente. Les deux Amans se réunissent, et meslent leurs danses à celles de l'Espérance & de l'Amour.

## TRAGEDIE.
### UN SONGE AVEC LE CHOEUR.

*Doux mensonges !*
*Doux songes !*
*Emparez-vous de ces beaux lieux,*
*Offrez-nous l'image des Cieux :*
*Heureux charme !*
*Désarme*
*Le plus à plaindre des Amans,*
*Vole, enchante ses tourmens.*

### CHOEUR.

*Doux mensonges, &c.*

### UN SONGE.

*Sur ses maux,*
*Versons des Pavots ;*
*Notre paix profonde*
*Fait le bien du monde.*
*Desir,*
*Image du Plaisir,*
*Dans un cœur enchanté*
*Conduis la volupté !*
*Qu'il préfére au réveil*
*Un doux sommeil.*

*Vole, Plaisir flatteur,*
*Regne enfant séducteur :*
*Fais, des nuits des amours,*
*De beaux jours.*

JUPITER.
CHOEUR.
*Doux mensonges !*
*Doux songes !*
*Emparez vous de ces beaux lieux;*
*Offrez-nous l'image des Cieux :*
*Heureux charme !*
*Désarme*
*Le plus à plaindre des Amans;*
*Vole, enchante ses tourmens.*

UN SONGE.
*Tous les vœux*
*Ne sont point heureux ;*
*Les ardeurs,*
*Les tendres langueurs,*
*Coûtent mille pleurs :*
*Mais sous notre Empire,*
*Le bonheur respire.*
*Goûtez*
*Sous des traits empruntés*
*Des plaisirs que l'Amour*
*Détruit avec le jour :*
*Le plus grand bonheur*
*N'est qu'une erreur.*

## TRAGEDIE.
### CHOEUR.
*Doux mensonges !*
*Doux songes !*
*Emparez-vous de ces beaux lieux,*
*Offrez-nous l'image des Cieux :*
*Heureux charme !*
*Désarme*
*Le plus à plaindre des Amans,*
*Vole, enchante ses tourmens.*
### MORPHÉE.
*Un charme trop puissant surmonte notre effort ;*
*Jupiter se réveille, il faut céder au sort.*
### JUPITER.
*Où suis-je ! Et quel pouvoir suprême*
*Trahit ici ma gloire, et m'arrache à moi-même ?*
*Ce jour attend de moi des exploits glorieux :*
*Disparoissez, Lieux pleins de charmes,*
*Il est tems de voler aux Cieux,*
*Je consacre à Junon mon amour & mes armes.*

JUPITER monte aux Cieux au milieu de la foudre & des éclairs.

Le Théatre représente les Champs Phlégréens en Thessalie, dont les Forests paroissent encore enflammées.

LA TERRE environnée de ses Peuples, est tristement couchée sur un Trône de Rocher.

## SCENE II.
### LA TERRE, PEUPLES, ET BERGERS
Effrayés du bruit & des feux du Tonnerre.

### CHOEUR.

*Quels ravages affreux*
*Ont détruit notre espérance !*
*Les plaines, les vallons promettoient à nos vœux*
*Les trésors de l'abondance.*

*Quels ravages affreux*
*Ont détruit notre espérance !*

### DEUX HABITANS.

„ *De malheureux mortels sont tombés sous vos coups,*
„ *D'un trépas inconnu leur fureur est suivie,*
„ *O Ciel ! Inventez-vous*
„ *Quelque nouveau moyen de nous ôter la vie ?*

### CHOEUR.

„ *Nous voyons assés-tôt le ténébreux séjour,*
„ *Chaque instant d'un mortel, un autre prend la place,*
„ *Grands Dieux ! Laissez au tems qui passe,*
„ *Le funeste plaisir de nous ravir le jour.*

## SCENE III.
### LA TERRE, SATURNE.

#### SATURNE.

Déesse, il faut s'armer contre un audacieux,
Qui répand l'épouvante & l'horreur en tous lieux.

#### LA TERRE.

Il a déjà porté la fureur qui l'inspire
Jusqu'au centre de mon empire :
Il a brisé mes tours, renversé mes palais ;
Il ravage mes champs, consume mes forêts.

#### SATURNE.

Jupiter sur ses pas enchaîne la victoire :
Il cause vos douleurs, il me ravit ma gloire !
Hâtons-nous d'arrêter ses funestes transports ;
Pour braver le tonnerre, unissons nos efforts.

#### ENSEMBLE.

Ne souffrons point qu'on nous opprime,
Bravons d'un Dieu l'implacable rigueur :
Hâtons-nous de punir le crime,
Faisons voler le trouble & la terreur.

## JUPITER,
## LA TERRE.

*Fiers Enfans de la Terre ;*
*Un cruel ennemi nous déclare la guerre ;*
*Accourez, vangez-nous d'un superbe vainqueur,*
*Venez, empressez-vous, imitez sa fureur.*

## SATURNE.

„ *Offrez à la lumiere*
„ *Des monstres odieux,*
„ *Dont la tête altiere*
„ *Porte l'effroi dans les cieux :*
„ *Plus prompts, plus cruels que la foudre ;*
„ *Qu'ils réduisent en poudre*
„ *Le bras audacieux*
„ *Qui s'est armé contre les Dieux.*

On voit sortir en foule de la terre, des Géans prodigieux, et des monstres demi-hommes & demi-serpens.

SC. IV.

## SCENE IV.

SATURNE, LA TERRE, LES GEANS.

### LA TERRE.

Combattez le tonnerre,
Soumettez à la Terre
Le ciel & les enfers.
Rendez la paix à l'univers.

### CHOEUR DES GEANS.

Que tout céde à notre courage,
Qu'on éprouve la rage
Qui nous enflamme tous :
De la Terre que l'on outrage,
Secondons le juste couroux.

Dans ces vastes campagnes,
Victimes d'un audacieux,
Arrachons les rochers, entassons les montagnes ;
Que nos efforts épouvantent les Dieux :
Monumens redoutables,
Servez nos fureurs implacables,
Aidez-nous à monter aux cieux.

JUPITER,
LA TERRE.

*Empreſſez-vous de nous deffendre.*
*Que l'Olimpe cède à vos coups :*
*Forcez Jupiter d'en deſcendre,*
*Géants, ſecourez-nous.*

## CHOEUR DES GEANS.

„ *Que tout cède à notre courage,*
„ *Qu'on éprouve la rage,*
„ *Qui nous enflamme tous,*
„ *De la Terre que l'on outrage,*
„ *Secondons le juſte couroux.*

„ *Dans ces vaſtes campagnes,*
„ *Victimes d'un audacieux,*
„ *Arrachons les rochers, entaſſons les montagnes;*
„ *Que nos efforts épouvantent les Dieux :*
„ *Monumens redoutables,*
„ *Servez nos fureurs implacables,*
„ *Aidés-nous à monter aux cieux.*

Pendant ce Chœur, les Géans arrachent des rochers & en forment des montagnes qui les élevent juſqu'au Ciel.

## SCENE V.

Le Ciel s'ouvre, JUPITER paroît armé de la foudre, au milieu de NEPTUNE ET DE PLUTON: Les Acteurs de la Scene précédente.

### JUPITER.

*Temeraires, tremblez, connoissez votre maître;*
*Vous entassez en vain ces rochers & ces monts;*
*Accablez sous leur poids, vous allez disparaitre:*
*Tombez, monstres, tombez dans ces gouffres profonds*
    *Où la terre vous a fait naître.*

CHOEUR des Géans renversés par le tonnerre.

  *Les montagnes tombent sur nous,*
    *Ciel! Nous périssons tous.*
          LA TERRE s'abîme.

### SATURNE, ET CIBELLE, ENSEMBLE.

*O! Chûte épouventable! O trop funeste guerre!*
  *Sauvons-nous au bout de la terre.*

## SCENE VI.
### JUPITER,
Aux Peuples de la terre.

*Mortels, effrayés des horreurs*
*D'une guerre injuste & cruelle,*
*Revenez dans ces lieux, Jupiter vous apelle,*
*Jouissez de la paix qu'il assure à vos cœurs.*

Le théâtre change, et représente une belle campagne.

## SCENE VII.

**TROUPE DE BERGERS,**
et d'Habitans de la terre.

**UNE BERGERE,**
Alternativement avec le Chœur.

Oublions dans les plaisirs
Nos peines, nos tristes soupirs ;
Que nos chants mélodieux
Célébrent le plus grand des Dieux :
Il rassemble tous les charmes
Des plus heureux vainqueurs :
Il triomphe par les armes,
Et regne dans les cœurs.   *On danse.*

**UN BERGER,** avec le Chœur.

Plaisir, embellis les Cieux
Pour notre Maître :
Nos cœurs l'ont mis en ces lieux
Au rang des Dieux.

**LE BERGER.**

Ses regards te font renaître,
Vole, regne à jamais ;
Vole, regne, assure-nous la paix.

JUPITER,
CHOEUR.

*Plaisir, embellis les Cieux*
*Pour notre Maître :*
*Nos cœurs l'ont mis en ces lieux*
*Au rang des Dieux.*

UN BERGER.

*Dans le sein de la victoire,*
*Son grand cœur*
*Soumet sa gloire*
*A notre bonheur :*

*Tout l'admire !*
*Tout doit dire :*

*Plaisir, embellis les Cieux*
*Pour notre Maître :*
*Nos cœurs l'ont mis en ces lieux*
*Au rang des Dieux.*

On danse.

## FIN DU QUATRIEME ACTE.

# ACTE CINQUIÈME.
Le Théatre repréſente un Sallon intérieur du Palais de JUNON.

## SCENE PREMIERE.
### JUNON.

HER & cruel auteur de mes vives
allarmes,
Q'eſperes-tu de ta fureur ?
Le fatal effort de tes armes ,
A rempli l'Univers de trouble & de terreur !

Mon pere, de tes traits , victime infortunée ,
Sous leurs coups vient de ſuccomber !
Et dans une même journée
Tu l'éleves aux Cieux & tu l'en fais tomber.

J'ai crû que tu m'aimois, et ma timide flamme
Eſperoit trouver dans ton ame
Les feux que mon amour fit paroître à tes yeux :
Mais tu n'es qu'un ambitieux !

Cher & cruel auteur de mes vives allarmes,
Qu'eſpéres-tu de ta fureur ?
Le fatal effort de tes armes,
A rempli l'Univers de trouble & de terreur !

Mais c'eſt lui qui s'avance,
Funeſte Amour, ſers ma vangeance.

## SCENE II.
### JUPITER, JUNON.
#### JUPITER.

Pour la ſeconde fois j'ai ſoumis l'Univers,
Ne me reprochés point une juſte victoire,
Déeſſe, par vos pleurs n'alterés point ma gloire :
Le Vainqueur à vos pieds, vous demande des fers.

#### JUNON.

Qu'entends-je ! Eſt-ce Junon qui reçoit cet hommage ?

#### JUPITER.

Ah ! Ne condamnés point l'exès de mon ardeur,
Il falloit triompher, ou perdre votre cœur.

JUNON,

## TRAGEDIE.
### JUNON.

Ciel! Devois-je m'attendre à ce nouvel outrage ?
Jupiter de ses feux ose encor me parler ?
Cruel ! Après le coup dont tu viens d'accabler
Saturne & sa triste famille,
Viens-tu dans son Palais insulter à sa fille ?
Pour m'appaiser, tes soins sont superflus :
Va, fuis loin de mes yeux, je ne t'écoute plus.

### JUPITER.

Eh quoi? Belle Déesse !
Verrez-vous sans pitié, la douleur qui me presse ?
A Saturne en ce jour,
Mon bras a déclaré la guerre :
Mais c'est au feu de mon amour,
Que s'est allumé mon tonnerre.

### JUNON.

L'Amour t'a pû forcer au plus grand des forfaits !
Quoi, ta fureur & ta rage inhumaine,
De ce Dieu si charmant, sont les fatals effets ?
Ton amour nous ravit la grandeur souveraine !
C'est lui qui, trahissant les plus tendres ardeurs,
M'arrache mon amant & m'abandonne aux pleurs !
Ah, Cruel! Qu'eût donc fait ta haine ?

H

## JUPITER,

### JUPITER.
*Vous me fuyés, n'ai-je donc plus d'espoir ?*
### JUNON.
*Que me demandes-tu ? Non, je ne puis t'entendre,*
*Sans offenser ma gloire & trahir mon devoir.*
*Barbare ! Vainement tu voudrois te défendre,*
*Il faut nous séparer & ne nous voir jamais.*
*Je sens trop que mon cœur, après ce coup terrible,*
  *Ne doit plus espérer de paix :*
  *Hélas ! Que ne m'est-il possible*
*D'expirer à tes yeux des maux que tu m'as faits !*
### JUPITER.
*Junon, écoutez-moi : Cette guerre funeste,*
*Qui ravit à Saturne un Trône glorieux,*
*N'est point de mes desirs l'essor ambitieux ;*
*Croyés-en mon amour, c'est lui que j'en atteste :*
*Ces foudres redoutés qui partent de ma main,*
*N'ont fait qu'exécuter les ordres du Destin.*
### JUNON.
  *Ah ! Dans sa fatale puissance,*
*Ne cherche point d'excuse à ta funeste ardeur :*
  *S'il te restoit quelqu'innocence,*
*Tu la trouverois mieux dans le fond de mon cœur.*

# TRAGEDIE.
### JUPITER.

Amour, ne permets pas que je fois la victime
Des feux que tu fûs m'inspirer,
Ils ont armé mon bras, c'est toi qui fis mon crime,
C'est à toi de le réparer.
Ils ont armé mon bras, c'est toi qui fis mon crime,
Vole Amour, vien le réparer.

On entend une simphonie mélodieuse.
L'AMOUR paroît sur un nuage.

Il m'entend ! Je le vois !

### JUNON.
Quel trouble !

### JUPITER.
Il va lui-même
Nous annoncer du sort la volonté suprême.

### JUNON, à part.
Puisse-t'il accorder par son pouvoir vainqueur,
Les intérêts d'un pere & les vœux de mon cœur.

## SCENE III.
### JUPITER, JUNON, L'AMOUR
sur un nuage.

#### L'AMOUR.
Reçois de Jupiter la main & la Couronne,
Saturne est apaisé, ses vœux sont satisfaits,
L'Empire de la terre a fixé ses souhaits :
Junon, regne en ces lieux, le Destin te l'ordonne,
L'Amour te le demande, et l'Olimpe est en paix.

#### JUPITER, à JUNON.
Déesse, vous voyés que le Ciel autorise
L'hommage que je rends à vos divins apas,
  Qu'Amour encor me favorise,
Saturne est satisfait, Jupiter ne l'est pas.

#### JUNON.
Pour jouir du succès de votre heureuse flamme,
Ressentés le plaisir qui passe dans mon ame :
Le devoir au destin obéit en ce jour,
  Mon cœur n'obéit qu'à l'Amour.

# TRAGEDIE.
## JUPITER, ET JUNON,
### ENSEMBLE.

Le tendre Amour nous dédommage
De tous les maux qu'il nous a faits :
Goutons le charmant avantage
De nous trouver constans, et d'aimer à jamais.

### JUPITER.

Du Maître du tonnerre,
Séjour délicieux,
Avec tous vos apas, offrez-vous à nos yeux :
Jeux, enfans de la Paix, délices de la Terre,
Devenez l'ornement des Cieux ;
Par vos accords harmonieux,
Effacez pour jamais l'image de la guerre :
Et vous Divinités de la céleste Cour,
Par vos chants immortels, célébrez ce grand jour.

## SCENE IV.

Le Théatre change, et représente le Palais de JUPITER.

JUPITER, JUNON, NEPTUNE, PLUTON, Et les autres Divinités du Ciel.

JUPITER, à NEPTUNE & à PLUTON.

Pour tenir l'Univers dans une paix profonde,
De concert avec moi, prenez le soin du monde.
Neptune, regnez sur les Mers :
Et vous Pluton, commandez aux Enfers :
Les Cieux deviennent mon partage,
Respectez-y mes loix, et l'Objet qui m'engage.

JUPITER, PLUTON, ET NEPTUNE.

„ Du plus grand des évenemens,
„ Qu'à jamais l'Univers conserve la mémoire :
„ Qu'il soit toujours soumis à nos commandemens,
„ Du soin de son bonheur nous ferons notre gloire.

*On danse.*

CHOEUR DES DIVINITE'S.

Qu'aux travaux du vainqueur, mille plaisirs succédent :
Qu'il triomphe partout au gré de ses desirs :
La gloire, les plaisirs,
C'est tout ce que les Dieux possédent.

*On danse.*

# TRAGEDIE.
## UN PLAISIR,
Alternativement avec le Chœur.

Tendre Amour, prens tes armes,
Vole en ce séjour,
Viens, triomphe à ton tour,
Hâte-toi, tes heureux traits
Ont dans la paix
Plus d'attraits ;
Pour ressentir tes charmes,
Tous les cœurs sont prêts :
Transports charmans !
Des amans,
Payez les tourmens :
Ah, quel plaisir ! Quel bien !
Non, rien
Ne vaut un si doux lien :
Si les Dieux
Dans les Cieux,
Sont heureux,
C'est par tes feux.
Tendre Amour, prens tes armes,
Vole en ce séjour,
Viens, triomphe à ton tour :
Ces aziles
Tranquilles
Sont faits pour aimer :
Ta victoire,
Ta gloire,
C'est de nous charmer.

*On danse.*

## JUPITER, TRAGEDIE.
### UNE DIVINITÉ.
Par les soins bienfaisans de ce Dieu tutélaire,
Sans craintes, les Bergers conduisent leurs troupeaux :
Astre nouveau qui nous éclaire,
Il étend ses faveurs sur les moindres hameaux.

LE CHOEUR répete. *Par les soins*, &c.

### UNE DIVINITÉ.
Tranquille, heureux, loin des allarmes,
Qu'il partage notre bonheur :
Puisse-t'il gouter tous les charmes
Dont nous fait jouir sa valeur.

LE CHOEUR répete. *Tranquille, heureux*, &c.

### UNE AUTRE DIVINITÉ.
Tel qu'un arbre sacré qui doit durer sans cesse,
On verra ses rameaux s'élever dans les Cieux ;
Quand la vertu s'unit à la haute sagesse,
Elle produit les Heros & les Dieux.

*On danse.*

### LES DIVINITÉS
Reprennent le CHOEUR. *Qu'aux travaux*, &c.

### FIN.

# ARMIDE,
## TRAGÉDIE
### DONNÉE A VERSAILLES.

Le 30 Décembre 1745.

DE L'IMPRIMERIE
DE JEAN-BAPTISTE-CHRISTOPHE BALLARD,
Doyen des Imprimeurs du Roi, seul pour la Musique.
M. DCC XLV.

Par exprès Commandement de Sa Majesté.

## ACTEURS ET ACTRICES,
### Chantans dans tous les Chœurs.

| DU CÔTÉ DU ROY ; | | DU CÔTÉ DE LA REINE ; | |
|---|---|---|---|
| *Les Demoiselles* | *Les Sieurs* | *Les Demoiselles* | *Les Sieurs* |
| Dun, | Lefebvre, | Cartou, | Dun, |
| Tulou, | Marcelet, | Monville, | Person, |
| Delorge, | Albert, | Lagrandville, | De Serre, |
| Varquin, | Le Page-C., | Masson, | Gratin, |
| Dallemand-C., | Laubertie, | Rollet, | St. Martin, |
| Larcher, | Le Breton, | Desgranges, | Le Mesle, |
| Delastre, | Lamarre, | Gondré, | Chabou, |
| Riviere. | Fel, | Verneuil. | Levasseur. |
| | Bourque, | | Belot, |
| | Houbeau, | | Louatron, |
| | Bornet, | | Forestier, |
| | Cuvillier, | | Therasse, |
| | Gallard, | | Dugay, |
| | Duchênet, | | Le Begue, |
| | Orban, | | Cordelet, |
| | Rochette. | | Rhone. |

## PROLOGUE,

### ACTEURS CHANTANS.

LA GLOIRE,        La D<sup>lle</sup> Coupée.
HEROS, *suivans de la Gloire.*
LA SAGESSE,        La D<sup>lle</sup> Fel.
NIMPHES, *suivantes de la Sagesse.*

---

### ACTEURS DANSANS.

#### SUIVANS DE LA GLOIRE.

Le S<sup>r</sup> Gherardy ;

Les S<sup>rs</sup> Caillez, Feuillade, Levoir, P-Dumoulin,
Dangeville, De Vice.

#### SUIVANS DE LA SAGESSE.

Le S<sup>r</sup> Matignon,     La D<sup>lle</sup> Lyonnois ;
La D<sup>lle</sup> Le Breton ;
Les D<sup>lles</sup> Puvignée, Thiery, Beaufort,
Rosalie, Rabon, Petit.

PROLOGUE.

# PROLOGUE.
Le Théatre repréſente un Palais.

LA GLOIRE, LA SAGESSE,
Et leur Suite.

LA GLOIRE, La D<sup>lle</sup> Coupée.

TOUT doit céder dans l'Univers
A l'auguſte Heros que j'aime.
L'effort des Ennemis, les glaces des Hyvers,
Les Rochers, les Fleuves, les Mers,
Rien n'arrête l'ardeur de ſa valeur extrême.

LA SAGESSE, La D<sup>lle</sup> Bourbonnois.

Tout doit céder dans l'Univers
A l'Auguſte Heros que j'aime.
Il ſait l'art de tenir tous les Monſtres aux fers.

é

# PROLOGUE.

*Il est Maître absolu de cent Peuples divers,*
*Et plus Maître encor de lui-même.*

## LA GLOIRE, ET LA SAGESSE.

*Tout doit céder dans l'Univers,*
*A l'auguste Heros que j'aime.*

## LA SAGESSE & sa Suite.

*Chantons la douceur de ses loix.*

## LA GLOIRE & sa Suite.

*Chantons ses glorieux exploits.*

## LA GLOIRE, ET LA SAGESSE.

*D'une égale tendresse,*
*Nous aimons le même vainqueur.*

## LA SAGESSE.

*Fiere Gloire, c'est vous....*

## LA GLOIRE.

*C'est vous, douce Sagesse...*

## LA GLOIRE, ET LA SAGESSE.

*C'est vous qui partagés avec moi son grand cœur.*

## LA SAGESSE.

*Qu'un vain desir de préférence*
*N'altere point l'intelligence*
*Que ce Heros entre-nous veut former:*
*Disputons seulement à qui sait mieux l'aimer.*

# PROLOGUE.
## LA GLOIRE, ET LA SAGESSE.

*Disputons seulement à qui sait mieux l'aimer.*
*Dès qu'on le voit paraître,*
*De quel cœur n'est-il point le Maître ?*
*Qu'il est doux de suivre ses pas !*
*Peut-on le connaître,*
*Et ne l'aimer pas ?*

## LES CHOEURS.

*Dès qu'on le voit paraître, &c.*

La Suite de la Gloire & celle de la Sagesse témoignent par des Danses, la joye qu'elles ont de voir ces deux Divinités dans une intelligence parfaite.

## LA SAGESSE.

*Suivons notre Heros, que rien ne nous sépare :*
*Il nous invite aux Jeux qu'on nous prépare :*
*Nous y verrons Renaud, malgré la volupté,*
*Suivre un conseil fidéle & sage ;*
*Nous le verrons sortir du Palais enchanté*
*Où par l'amour d'Armide, il étoit arrêté,*
*Et voler où la Gloire appelle son courage.*
*Le Grand Roi qui partage entre-nous ses desirs*
*Aime à nous voir même dans ses plaisirs.*

## PROLOGUE.

### LA GLOIRE.

*Que l'éclat de son Nom s'étende au bout du monde,*
*Réunissons nos voix.*
*Que chacun nous réponde.*

### LA GLOIRE, LA SAGESSE, ET LES CHOEURS.

*Chantons la douceur de ses loix,*
*Chantons ses glorieux exploits.*

La Suite de la Gloire & celle de la Sagesse continuent leur réjouissance.

### LES CHOEURS.

*Que dans le Temple de memoire,*
*Son Nom soit pour jamais gravé;*
*C'est à lui qu'il est reservé*
*D'unir la Sagesse & la Gloire.*

### FIN DU PROLOGUE.

# TRAGEDIE,

## ACTEURS CHANTANS.

ARMIDE, *Magicienne, Niéce d'*HIDRAOT,      La D<sup>lle</sup> Chevalier.

PHENICE, ⎫ *Confidentes*    La D<sup>lle</sup> Lalande.
SIDONIE, ⎭ *d'*ARMIDE,    La D<sup>lle</sup> Romainville.

HIDRAOT, *Magicien, Roi de Damas*, Le S<sup>r</sup> De Chassé.

TROUPE *de Peuples du Royaume de Damas.*

ARONTE, *Conducteur des Chevaliers qu'*ARMIDE *a fait mettre aux fers*, Le S<sup>r</sup> Le Page.

RENAUD, *Le plus renommé des Chevaliers du Camp de Godefroy*,    Le S<sup>r</sup> Jelyotte.

ARTEMIDORE, *l'un des Chevaliers captifs d'*ARMIDE, *délivrés par* RENAUD, Le S<sup>r</sup> Albert.

UNE BERGERE,      La D<sup>lle</sup> Bourbonnois.

UN DÉMON, *transformé en Nayade.*

TROUPE *de Démons transformés en Nymphes, en Bergers, et en Bergeres,*

TROUPE *de Démons volans, transformés en Zéphirs.*

LA HAINE,      Le S<sup>r</sup> De Chassé.

## ACTEURS.

*Suite de* LA HAINE. *Les Furies, La Cruauté, La Vengeance, La Rage,* &c.

UBALDE, *Chevalier, qui va chercher* RENAUD,       Le S. Le Page.

LE CHEVALIER DANOIS, *qui va avec Ubalde chercher* RENAUD,    Le S' De la Tour.

*Un Démon transformé sous la figure de* LUCINDE,      La D^lle Fel.

TROUPE *de Démons transformés en Habitans champêtres de l'Isle où* ARMIDE *retient* RENAUD *enchanté.*

*Un Démon sous la figure de* MELISSE, *Fille italienne, aimée d'*UBALDE,

UN PLAISIR,        Le S' Poirier.

TROUPE *de Démons, sous la figure d'Amans fortunés, et d'Amantes heureuses, qui accompagnent* RENAUD *dans le Palais enchanté.*

TROUPE *de Démons volans, qui détruisent le Palais enchanté.*

## ACTEURS DANSANS.

### PREMIER ACTE.
*TROUPE DE PEUPLES DE DAMAS.*

Le S$^r$ Pitro ;

Les S$^{rs}$ Caillez, Feuillade, F-Dumoulin, Levoir, Monservin Gherardy ;

Les D$^{lles}$ Rabon, Rosalie, Thiery, Beaufort, Puvignée, Petit.

### SECOND ACTE.
*BERGERS ET BERGERES.*

La D$^{lle}$ Sallé ;

Les D$^{lles}$ S$^t$ Germain, Courcelle, Beaufort, Thiery, Lyonnois, Erny ;

Les S$^{rs}$ Matignon, Levoir, Dumay, Dupré, Malter-C., Dangeville.

### TROISIEME ACTE.
*SUITE DE LA HAINE.*
*DÉMONS.*

Le S$^r$ Pitro ;

Les S$^{rs}$ Malter-C., Matignon, De Vice, Feuillade, Monservin, Levoir, Dumay, Dupré.

## ACTEURS

### QUATRIEME ACTE.
### TROUPE D'HABITANS CHAMPÊTRES.
### DÉMONS TRANSFORMÉS.

La D<sup>lle</sup> Camargo;
Les S<sup>rs</sup> Dumay, Dupré, Hamoche, Levoir,
P-Dumoulin, F-Dumoulin;
Les D<sup>lles</sup> S<sup>t</sup> Germain, Courcelle, Beaufort, Thiery,
Puvignée, Petit.

### PASTRE.

Le S<sup>r</sup> Gherardy.

### CINQUIEME ACTE.
### TROUPE D'AMANS FORTUNÉS.

Le S<sup>r</sup> Dupré;
Les S<sup>rs</sup> Gherardy, De Vice, Feuillade, Malter-C.,
Dupré, Caillez, Levoir, Hamoche;
Les D<sup>lles</sup> Carville, Rabon, Rosalie, Erny, Beaufort,
Lyonnois, S<sup>t</sup> Germain, Courcelle.

ARMIDE,

# ARMIDE,
*TRAGEDIE.*

## ACTE PREMIER.

Le théâtre représente une grande Place, ornée d'un Arc de Triomphe.

## SCENE PREMIERE.
### ARMIDE, PHENICE, SIDONIE.
### PHENICE.

ANS un jour de triomphe, au milieu des plaisirs,
Qui peut vous inspirer une sombre tristesse ?
La Gloire, la Grandeur, la Beauté, la Jeunesse,
Tous les biens comblent vos desirs.

A

## ARMIDE,
### SIDONIE.

*Vous allumés une fatale flamme*
*Que vous ne ressentés jamais ;*
*L'Amour n'ose troubler la paix*
*Qui regne dans votre ame.*

### PHENICE ET SIDONIE.

*Quel sort a plus d'appas,*
*Et qui peut être heureux, si vous ne l'êtes pas.*

### PHENICE.

*Si la Guerre aujourd'hui fait craindre ses ravages,*
*C'est aux bords du Jourdain qu'ils doivent s'arrêter :*
*Nos tranquilles rivages*
*N'ont rien à redouter.*

### SIDONIE.

*Les Enfers, s'il le faut, prendront pour nous les armes,*
*Et vous savés leur imposer la loi.*

### PHENICE.

*Vos yeux n'ont eu besoin que de leurs propres charmes,*
*Pour affaiblir le Camp de Godefroy.*

### SIDONIE.

*Ses plus vaillans Guerriers contre vous sans deffense,*
*Sont tombés en votre puissance.*

## TRAGEDIE.
### ARMIDE.

*Je ne triomphe pas du plus vaillant de tous.*
*Renaud, pour qui ma haine a tant de violence,*
*L'indomptable Renaud échape à mon couroux.*
*Tout le Camp ennemi pour moi devint sensible,*
  *Et lui seul, toujours invincible,*
*Fit gloire de me voir d'un œil indifferent.*

*Il est dans l'âge aimable, où sans effort on aime....*
*Non, je ne puis manquer sans un dépit extrême,*
*La conquête d'un cœur si superbe & si grand.*

### SIDONIE.

*Qu'importe qu'un Captif manque à votre victoire,*
*On en voit dans vos fers assez d'autres témoins ;*
  *Et pour un esclave de moins,*
*Un triomphe si beau perdra peu de sa gloire.*

### PHENICE.

  *Pourquoi voulez-vous songer*
  *A ce qui peut vous déplaire ?*
  *Il est plus sûr de se venger*
  *Par l'oubli que par la colere.*

### ARMIDE.

 *Les Enfers ont prédit cent fois,*
*Que contre ce Guerrier nos armes seront vaines,*
 *Et qu'il vaincra nos plus grands Rois :*
*Ah ! Qu'il me seroit doux de l'accabler de chaînes,*
 *Et d'arrêter le cours de ses exploits !*

# ARMIDE,

*Que je le hais! Que son mépris m'outrage!*
*Qu'il sera fier d'éviter l'esclavage*
*Où je tiens tant d'autres Heros!*
*Incessamment son importune image,*
*Malgré-moi, trouble mon repos.*

Un songe affreux m'inspire une fureur nouvelle
    Contre ce funeste Ennemi:
      J'ai crû le voir, j'en ai frémi,
J'ai crû qu'il me frapoit d'une atteinte mortelle.
Je suis tombée aux pieds de ce cruel Vainqueur:
    Rien ne fléchissoit sa rigueur;
    Et par un charme inconcevable,
Je me sentois contrainte à le trouver aimable;
Dans le fatal moment qu'il me perçoit le cœur.

## SIDONIE.

*Vous troublés-vous d'une image légere,*
    *Que le someil produit?*

    *Le beau jour qui vous luit*
*Doit dissiper cette vaine chimere,*
    *Ainsi qu'il a détruit*
    *Les ombres de la nuit.*

## SCÈNE II.
HIDRAOT, ARMIDE, PHENICE, SIDONIE, SUITE d'HIDRAOT.

#### HIDRAOT.

Armide, que le sang qui m'unit avec vous
Me rend sensible aux soins que l'on prend pour vous
plaire!
Que votre triomphe m'est doux!
Que j'aime à voir briller le beau jour qui l'éclaire!
Je n'aurois plus de vœux à faire,
Si vous choisissiés un époux.
Je voi de près la mort qui me menace,
Et bientot l'âge qui me glace
Va m'accabler sous son pesant fardeau :
C'est le dernier bien où j'aspire
Que de voir votre hymen promettre à cet Empire
Des Rois formés d'un sang si beau ;
Sans me plaindre du sort, je cesserai de vivre,
Si ce doux espoir peut me suivre
Dans l'affreuse nuit du tombeau.

#### ARMIDE.

La chaîne de l'hymen m'étonne,
Je crains les plus aimables nœuds.
Ah! Qu'un cœur devient malheureux,
Quand la liberté l'abandonne !

## ARMIDE,

### HIDRAOT.

Pour vous, quand il vous plaît, tout l'enfer est armé :
Vous êtes plus savante en mon art, que moi-même :
De grands Rois à vos pieds mettent leur diadême ;
Qui vous voit un moment, est pour jamais charmé.
Pouvés-vous mieux gouter votre bonheur extrême,
  Qu'avec un époux qui vous aime,
  Et qui soit digne d'être aimé ?

### ARMIDE.

Contre mes Ennemis, à mon gré je déchaîne
  Le noir Empire des enfers,
  L'Amour met des Rois dans mes fers,
Je suis de mille amans maîtresse souveraine ;
  Mais je fais mon plus grand bonheur
  D'être maîtresse de mon cœur.

### HIDRAOT.

Bornez-vous vos desirs à la gloire cruelle
  Des maux que fait votre beauté
  Ne ferés-vous jamais votre felicité
  Du bonheur d'un amant fidéle ?

### ARMIDE.

*Si je dois m'engager un jour,*
*Au moins vous devés croire*
*Qu'il faudra que ce soit la Gloire*
*Qui livre mon cœur à l'Amour.*

*Pour devenir mon maître,*
*Ce n'est point assés d'être Roi :*
*Ce sera la valeur qui me fera connaître*
*Celui qui mérite ma foi :*
*Le Vainqueur de Renaud, si quelqu'un le peut être,*
*Sera digne de moi.*

## SCENE III.

Troupe de Peuples du royaume de Damas.

### HIDRAOT, ARMIDE, PHENICE, SIDONIE.

Les Peuples du royaume de Damas, témoignent par des Danses & par des Chants, la joye qu'ils ont de l'avantage que la beauté de cette Princesse a remporté sur les Chevaliers du Camp de Godefroy.

### HIDRAOT.

*ARmide est encor plus aimable*
*Qu'elle n'est redoutable :*

*Que son triomphe est glorieux!*
*Ses charmes les plus forts sont ceux de ses beaux yeux.*
*Elle n'a pas besoin d'emprunter l'art terrible*
*Qui sait, quand il lui plaît, faire armer les Enfers,*
*Sa beauté trouve tout possible,*
*Nos plus fiers Ennemis gémissent dans ses fers.*

### HIDRAOT, ET LE CHOEUR.

*Armide est encor plus aimable*
*Qu'elle n'est redoutable:*
*Que son triomphe est glorieux!*
*Ses charmes les plus forts sont ceux de ses beaux yeux.*

### PHENICE, ET LE CHOEUR.

*Suivons Armide, et chantons sa victoire,*
*Tout l'Univers retentit de sa gloire.*

### PHENICE.

*Nos Ennemis affoiblis & troublés*
*N'étendront plus le progrès de leurs armes;*
*Ah, quel bonheur! Nos desirs sont comblés,*
*Sans nous coûter ni de sang ni de larmes.*

### LE CHOEUR.

*Suivons Armide, et chantons sa victoire,*
*Tout l'Univers retentit de sa gloire.*

### PHENICE.

## TRAGEDIE.
### PHENICE.
L'ardent Amour qui la suit en tous lieux,
S'attache aux cœurs qu'elle veut qu'il enflamme ;
Il est content de regner dans ses yeux,
Et n'ose encor passer jusqu'à son ame.
### LE CHOEUR.
Suivons Armide, et chantons sa victoire ;
Tout l'Univers retentit de sa gloire.
### SIDONIE, ET LE CHOEUR.
Que la douceur d'un triomphe est extrême,
Quand on n'en doit tout l'honneur qu'à soi-même !
### SIDONIE.
Nous n'avons point fait armer nos Soldats,
Sans leur secours, Armide est triomphante ;
Tout son pouvoir est dans ses doux appas,
Rien n'est si fort que sa beauté charmante.
### LE CHOEUR.
Que la douceur d'un triomphe est extrême,
Quand on n'en doit tout l'honneur qu'à soi-même !
### SIDONIE.
La belle Armide a sû vaincre aisément
De fiers Guerriers, plus craints que le tonnerre ;
Et ses regards ont en moins d'un moment,
Donné des loix aux Vainqueurs de la terre.

B

# ARMIDE,

## LE CHOEUR.

*Que la douceur d'un triomphe est extrême,*
*Quand on n'en doit tout l'honneur qu'à soi-même !*

Le triomphe d'ARMIDE est interrompu par l'arrivée d'ARONTE, qui avoit été chargé de la conduite des Chevaliers captifs, et qui revient blessé, tenant à la main un tronçon d'épée.

# TRAGEDIE.

## SCENE IV.
### ARONTE, HIDRAOT, ARMIDE, PHENICE, SIDONIE:
Troupes de Peuples de Damas.

#### ARONTE.

O Ciel ! O disgrace cruelle !
Je conduisois vos captifs avec soin ,
J'ai tout tenté pour vous marquer mon zele ,
Mon sang qui coule en est témoin.

#### ARMIDE.

Mais, où sont mes Captifs ?

#### ARONTE.

Un Guerrier indomtable
Les a délivrés tous.

#### ARMIDE, ET HIDRAOT.

Un seul Guerrier ! Que dites-vous !
Ciel !

#### ARONTE.

De nos ennemis c'est le plus redoutable.
Nos plus vaillans Soldats sont tombés sous ses coups :
Rien ne peut résister à sa valeur extrême ....

#### ARMIDE.

O Ciel ! C'est Renaud.

#### ARONTE.

C'est lui-même.

B ij

## ARMIDE.

### ARMIDE, ET HIDRAOT.

*Poursuivons jusqu'au trépas*
*L'Ennemi qui nous offense :*
*Qu'il n'échape pas*
*A notre vengeance.*

### LE CHOEUR.

*Poursuivons jusqu'au trépas*
*L'Ennemi qui nous offense :*
*Qu'il n'échape pas*
*A notre vengeance.*

## FIN DU PREMIER ACTE.

# ACTE SECOND.

Le Théatre change, et repréfente une Campagne, où une Riviere forme une Ifle agréable.

## SCENE PREMIERE.
### ARTEMIDORE, RENAUD.
#### ARTEMIDORE.

NVINCIBLE *Heros, c'eft par
votre courage
Que j'échape aux rigueurs d'un funefte
efclavage:
Après ce généreux fecours,
Puis-je me difpenfer de vous fuivre toujours?*

## RENAUD.

*Allez, allez, remplir ma place*
*Aux lieux où mon malheur me chasse.*
*Le fier Gernand m'a contraint à punir*
*Sa téméraire audace :*
*D'une indigne prison Godefroy me menace,*
*Et de son Camp m'oblige à me bannir.*
*Je m'en éloigne avec contrainte,*
*Heureux ! Si j'avois pû consacrer mes exploits*
*A délivrer la Cité sainte*
*Qui gémit sous de dures loix.*
*Suivez les Guerriers qu'un beau zele*
*Presse de signaler leur valeur & leur foi :*
*Cherchez une gloire immortelle,*
*Je veux dans mon exil n'enveloper que moi.*

## ARTEMIDORE.

*Sans vous, que peut-on entreprendre ?*
*Celui qui vous banit ne pourra se défendre*
*De souhaiter votre retour.*
*S'il faut que je vous quitte, au moins ne puis-je ap-*
            *prendre*
*En quels lieux vous allés choisir votre séjour ?*

## TRAGEDIE.
### RENAUD.

Le repos me fait violence,
La seule gloire a pour moi des appas :
Je prétens adresser mes pas
Où la Justice & l'Innocence
Auront besoin du secours de mon bras.

### ARTEMIDORE.

Fuyez les lieux où regne Armide,
Si vous cherchez à vivre heureux ;
Pour le cœur le plus intrépide
Elle a des charmes dangereux.

C'est une Ennemie implacable,
Evitez ses ressentimens ;
Puisse le Ciel, à mes vœux favorable,
Vous garantir de ses enchantemens !

### RENAUD.

Par une heureuse indifférence
Mon cœur s'est dérobé sans peine à sa puissance,
Je la vis seulement d'un regard curieux.
Est-il plus malaisé d'éviter sa vengeance
Que d'échaper au pouvoir de ses yeux ?

J'aime la liberté, rien n'a pû me contraindre
A m'engager jusqu'à ce jour :
Quand on peut mépriser le charme de l'amour,
Quels enchantemens peut-on craindre ?

## SCENE II.
### HIDRAOT, ARMIDE.
### HIDRAOT.

*ARrêtons-nous ici, c'est dans ce lieu fatal*
*Que la fureur qui nous anime,*
*Ordonne à l'Empire infernal*
*De conduire notre Victime.*

### ARMIDE.

*Que l'Enfer aujourd'hui tarde à suivre nos loix !*

### HIDRAOT.

*Pour achever le charme, il faut unir nos voix.*

### HIDRAOT, ET ARMIDE.

*Esprits de haine & de rage,*
*Démons, obéissés-nous.*

*Livrez à notre couroux,*
*L'Ennemi qui nous outrage.*

*Esprits de haine & de rage,*
*Démons, obéissez-nous.*

### ARMIDE.

## TRAGEDIE.

### ARMIDE.

*Démons affreux, cachez-vous*
*Sous une agréable image :*
*Enchantez ce fier courage*
*Par les charmes les plus doux.*

### HIDRAOT, ET ARMIDE.

*Esprits de haine & de rage*
*Démons, obéissez-nous.*

ARMIDE, aperçoit RENAUD, qui s'aproche des bords de la riviere.

### ARMIDE.

*Dans le piege fatal notre Ennemi s'engage.*

### HIDRAOT.

*Nos Soldats sont cachés dans le prochain bocage ;*
*Il faut que sur Renaud ils viennent fondre tous.*

### ARMIDE.

*Cette Victime est mon partage ;*
*Laissez-moi l'immoler, laissez-moi l'avantage*
*De voir ce cœur superbe expirer de mes coups.*

HIDRAOT & ARMIDE se retirent.

RENAUD s'arrête pour considerer les bords du fleuve, et quitte une partie de ses armes, pour prendre le frais.

C

## SCENE III.
### RENAUD.

PLus j'observe ces lieux & plus je les admire.
Ce fleuve coule lentement,
Et s'éloigne à regret d'un séjour si charmant.

Les plus aimables fleurs, et le plus doux Zephir
Parfument l'air qu'on y respire.
Non, je ne puis quitter des rivages si beaux :
Un son harmonieux se mêle au bruit des eaux.

Les oiseaux enchantés se taisent pour l'entendre.
Des charmes du someil j'ai peine à me deffendre.

Ce gazon, cet ombrage frais,
Tout m'invite au repos sous ce feuillage épais.

RENAUD, s'endort sur un gazon, au bord de la riviere.

# TRAGEDIE.

## SCENE IV.

RENAUD endormi, Une Nayade qui sort du fleuve. Troupes de Nimphes, de Bergers, et de Bergeres.

### LA NAYADE.

*A*U temps heureux où l'on sçait plaire,
  Qu'il est doux d'aimer tendrement !
Pourquoi dans les périls avec empressement,
Chercher d'un vain honneur l'éclat imaginaire ?
   Pour une trompeuse chimere
   Faut-il quitter un bien charmant ?

   Au temps heureux où l'on sçait plaire,
   Qu'il est doux d'aimer tendrement !

### LE CHOEUR.

Ah ! Quelle erreur ! Quelle folie
  De ne pas jouir de la vie !
C'est aux Jeux, c'est aux Amours,
Qu'il faut donner les beaux jours.

Les Démons sous la figure des Nimphes, des Bergers & des Bergeres, enchantent RENAUD, et l'enchaînent durant son someil avec des guirlandes de fleurs.

# ARMIDE,
## UNE BERGERE.

On s'étonneroit moins que la saison nouvelle
Revint sans amener les fleurs & les zephirs,
Que de voir de nos ans la saison la plus belle
Sans l'Amour & sans les plaisirs.

⁂

Laissons au tendre Amour la jeunesse en partage;
La sagesse a son temps, il ne vient que trop tôt :
Ce n'est pas être sage,
D'être plus sage qu'il ne faut.

### LES CHOEURS.

Ah, quelle erreur ! Quelle folie
De ne pas jouir de la vie !
C'est aux Jeux, c'est aux Amours
Qu'il faut donner les beaux jours.

# TRAGEDIE.

## SCENE V.

**ARMIDE, RENAUD** endormi.

**ARMIDE,** un dard à la main.

ENfin, il est en ma puissance,
Ce fatal Ennemi, ce superbe Vainqueur :
Le charme du someil le livre à ma vengeance :
 Je vais percer son invincible cœur.

Par lui, tous mes Captifs sont sortis d'esclavage.
 Qu'il éprouve toute ma rage...

**ARMIDE,** va pour fraper **RENAUD,** Elle ne peut executer le dessein qu'elle a de lui ôter la vie.

Quel trouble me saisit ! Qui me fait hesiter !
Qu'est-ce qu'en sa faveur la pitié me veut dire ?
 Frapons... Ciel ! Qui peut m'arrêter !
Achevons...Je frémis ! Vangeons-nous.... Je soupire !
Est-ce ainsi que je dois me vanger aujourd'hui !
Ma colere s'éteint quand j'aproche de lui.
 Plus je le vois, plus ma fureur est vaine,
 Mon bras tremblant se refuse à ma haine.

# ARMIDE;

Ah! Quelle cruauté de lui ravir le jour !
A ce jeune Heros tout céde sur la terre.
Qui croiroit qu'il fut né seulement pour la guerre ?
 Il semble être fait pour l'Amour.
Ne puis-je me venger à moins qu'il ne périsse ?
Hé, ne suffit-il pas que l'Amour le punisse ?
Puisqu'il n'a pu trouver mes yeux assez charmans,
Qu'il m'aime au-moins par mes enchantemens ;
 Que s'il se peut, je le haïsse.

 Venez, secondez mes desirs,
Démons transformez-vous en d'aimables Zephirs.
Je céde à ce Vainqueur, la pitié me surmonte ;
 Cachez ma faiblesse & ma honte
 Dans les plus reculez Deserts.
Volez, conduisez-nous au bout de l'univers.

Les Démons transformés en Zephirs, enlevent
RENAUD, ET ARMIDE.

## FIN DU SECOND ACTE.

## ACTE TROISIÈME.
Le théâtre change, et représente un Désert.

---

### SCENE PREMIERE.
#### ARMIDE.

H! Si la liberté me doit être ravie,
Eſt-ce à toi d'être mon vainqueur?
Trop funeſte Ennemi du bonheur de ma vie,
Faut-il que malgré moi, tu régnes dans mon cœur!
Le deſir de ta mort fut ma plus chere envie,
Comment as-tu changé ma colere en langueur?
Envain, de mille amans je me voyois ſuivie,
Aucun n'a fléchi ma rigueur.
Se peut-il que Renaud tienne Armide aſſervie!

Ah! Si la liberté me doit être ravie,
Eſt-ce à toi d'être mon vainqueur?
Trop funeſte Ennemi du bonheur de ma vie,
Faut-t'il que malgré-moi tu regnes dans mon cœur!

## SCENE II.
ARMIDE, PHENICE, SIDONIE.
### PHENICE.
*Que ne peut point votre Art ? La force en est*
*extrême.*
*Quel prodige ! Quel changement !*
*Renaud qui fût si fier, vous aime ;*
*On n'a jamais aimé si tendrement.*

### SIDONIE.
*Montrez-vous à ses yeux, soyez témoin vous-même*
*Du merveilleux effet de vôtre enchantement.*

### ARMIDE.
*L'Enfer n'a pas encor rempli mon esperance,*
*Il faut qu'un nouveau charme assure ma vengeance.*

### SIDONIE.
*Sur des bords séparés du séjour des humains,*
*Qui peut arracher de vos mains*
*Un Ennemy qui vous adore ?*
*Vous enchantés Renaud, que craignez-vous encore ?*
*Helas !*

## TRAGEDIE.
### ARMIDE.
*Hélas ! C'est mon cœur que je crains.*

*Votre amitié dans mon sort s'interesse :*
*Je vous ai fait conduire avec moi dans ces lieux.*
*Au reste des Mortels je cache ma faiblesse,*
*Je n'en veux rougir qu'à vos yeux.*

*De mes plus doux regards Renaud sût se défendre,*
*Je ne pus engager ce cœur fier à se rendre,*
*Il m'échapa malgré mes soins.*
*Sous le nom de Dépit, l'Amour vint me surprendre,*
*Lorsque je m'en gardois le moins.*

*Plus Renaud m'aimera, moins je serai tranquile ;*
*J'ai résolu de le hair,*
*Je n'ai tenté jamais rien de si difficile :*
*Je crains que pour forcer mon cœur à m'obeir,*
*Tout mon Art ne soit inutile.*

### PHENICE.
*Que votre Art seroit beau ! Qu'il seroit admiré,*
*S'il savoit garentir des troubles de la vie !*
*Heureux qui peut être assûré*
*De disposer de son cœur à son gré :*
*C'est un secret digne d'envie ;*
*Mais, de tous les secrets, c'est le plus ignoré.*

## ARMIDE,

### SIDONIE.

La Haine est affreuse & barbare ;
L'Amour contraint les cœurs dont il s'empare
 A souffrir des maux rigoureux :
Si votre sort est en votre puissance,
 Faites choix de l'Indifférence,
 Elle assûre un repos heureux.

### ARMIDE.

Non, non, il ne m'est plus possible
De passer de mon trouble en un état paisible,
 Mon cœur ne se peut plus calmer.
Renaud m'offense trop, il n'est que trop aimable,
C'est pour moi désormais un choix indispensable
 De le haïr, ou de l'aimer.

### PHENICE.

Vous n'avez pû haïr ce Héros invincible,
 Lorsqu'il étoit le plus terrible
 De tous vos ennemis :
 Il vous aime, l'Amour l'enchaîne ;
 Garderiez-vous mieux votre haine
Contre un amant si tendre & si soumis ?

### ARMIDE.

Il m'aime ? Quel amour ! Ma honte s'en augmente.
Dois-je être aimée ainsi ? Puis-je en être contente ?
 C'est un vain triomphe, un faux bien.
Hélas ! Que son amour est différent du mien !

# TRAGEDIE.

J'ai recours aux enfers pour allumer sa flamme,
C'est l'effort de mon Art qui peut tout sur son ame,
    Ma faible beauté n'y peut rien.
Par son propre mérite il suspend ma vengeance ;
Sans secours, sans effort, même sans qu'il y pense,
Il enchaîne mon cœur d'un trop charmant lien.
Hélas ! Que mon amour est différent du sien !
    Quelle vengeance ai-je à prétendre,
    Si je le veux aimer toujours ?
    Quoi, céder sans rien entreprendre ?
Non, il faut appeler la Haine à mon secours.
    L'horreur de ces lieux solitaires,
    Par mon art, va se redoubler.
Détournez vos regards de mes affreux misteres,
Et sur tout, empêchez Renaud de me troubler.

## SCENE III.
### ARMIDE.

Venez, venez, Haine implacable,
    Sortez du Goufre épouvantable,
Où vous faites regner une éternelle horreur :
Sauvez-moi de l'amour, rien n'est si redoutable ;
    Contre un ennemi trop aimable,
Rendez-moi mon courroux, rallumez ma fureur.

    Venez, venez, Haine implacable,
    Sortez du Goufre épouvantable,
Où vous faites regner une éternelle horreur.

# ARMIDE,

LA HAINE sort des Enfers,
Elle est accompagnée des Furies, de la Cruauté,
de la Vengeance, de la Rage, et des Passions
qui dépendent de la Haine.

## SCENE IV.
### ARMIDE, LA HAINE
### & sa Suite.

#### LA HAINE.

*J*E réponds à tes vœux, ta voix s'est fait entendre
 Jusques dans le fond des Enfers.
Pour toi contre l'Amour, je vais tout entreprendre;
 Et quand on veut bien s'en défendre,
On peut se garantir de ses indignes fers.

#### LA HAINE & sa Suite.
Plus on connoît l'Amour, et plus on le déteste,
 Détruisons son pouvoir funeste:
Rompons ses nœuds, déchirons son bandeau,
Brûlons ses traits, éteignons son flambeau.

#### CHOEUR.
Plus on connoît l'Amour, et plus on le déteste,
 Détruisons son pouvoir funeste,

*Rompons ses nœuds, déchirons son bandeau,*
*Brûlons ses traits, éteignons son flambeau.*

La suite de la Haine s'empresse à briser & à brûler les armes dont l'Amour se sert.

## LA HAINE & sa suite.

*Amour, sors pour jamais, sors d'un cœur qui te chasse,*
*Que la Haine regne en ta place;*
*Tu fais trop souffrir sous ta loi,*
*Non, tout l'Enfer n'a rien de si cruel que toi.*

La Suite de la HAINE témoigne qu'elle se prépare avec plaisir, à triompher de l'Amour.

## LA HAINE, approchant d'ARMIDE.

*Sors, sors du sein d'Armide, Amour brise ta chaîne.*

## ARMIDE.

*Arrête, arrête affreuse Haine:*
*Laisse-moi sous les loix d'un si charmant Vainqueur,*
*Laisse-moi, je renonce à ton secours horrible:*
*Non, non, n'acheve pas, non, il n'est pas possible*
*De m'ôter mon amour, sans m'arracher le cœur.*

# ARMIDE,

## LA HAINE.

*N'implore-tu mon assistance*
*Que pour mépriser ma puissance ?*
*Sui l'Amour, puisque tu le veux,*
*Infortunée Armide,*
*Sui l'Amour qui te guide*
*Dans un abîme affreux.*
*Sur ces Bords écartés, c'est en vain que tu caches*
*Le Heros dont ton cœur s'est trop laissé toucher :*
*La Gloire à qui tu l'arraches,*
*Doit bien-tôt te l'arracher :*
*Malgré tes soins, au mépris de tes larmes,*
*Tu le verras échaper à tes charmes.*
*Tu me rappelleras, peut-être, dès ce jour,*
*Et ton attente sera vaine :*
*Je vais te quitter sans retour ;*
*Je ne puis te punir d'une plus rude peine,*
*Que de t'abandonner pour jamais à l'Amour.*

LA HAINE & sa Suite s'abîment.

**FIN DU TROISIEME ACTE.**

# ACTE QUATRIÉME.

## SCENE PREMIERE.
### UBALDE, ET LE CHEVALIER DANOIS.

UBALDE, porte un Bouclier de diamant & tient un Sceptre d'or, qui lui ont été donnés par un Magicien, pour diffiper les enchantemens d'ARMIDE, et pour délivrer RENAUD.

LE CHEVALIER DANOIS porte une Epée qu'il doit préfenter à RENAUD.

Une vapeur s'éleve & fe répand dans le Defert qui a paru au troifiéme Acte. Des Antres & des Abîmes s'ouvrent, il en fort des bêtes farouches & des Monftres épouvantables.

UBALDE, ET LE CHEVALIER DANOIS.

NOUS ne trouvons par tout que des gouffres ouverts.
Armide a dans ces lieux, tranfporté les Enfers.
Ah! Que d'Objets horribles!
Que de Monftres terribles!

#### ARMIDE,

LE CHEVALIER DANOIS attaque les Monſtres ; UBALDE le retient, et lui montre le Septre d'or qu'il porte, et qui leur a été donné pour diſſiper les enchantemens.

#### UBALDE.

*Celui qui nous envoye a prévû ce danger,*
*Et nous a montré l'Art de nous en dégager*
  *Ne craignons point Armide ni ſes charmes ;*
  *Par ce ſecours plus puiſſant que nos armes,*
  *Nous en ſerons aiſément garentis.*

  *Laiſſez-nous un libre paſſage,*
*Monſtres, allez cacher vôtre inutile rage*
*Dans l'abîme profond d'où vous êtes ſortis.*

Les Monſtres s'abîment, la vapeur ſe diſſipe, le Deſert diſparaît, et ſe change en une Campagne agréable, bordée d'arbres chargés de fruits, et arroſée de ruiſſeaux.

#### LE CHEVALIER DANOIS.

*Allons chercher Renaud, le Ciel nous favoriſe*
  *Dans notre pénible entrepriſe.*

  *Ce qui peut flatter nos deſirs,*
*Doit à ſon tour tenter de nous ſurprendre :*
*C'eſt déſormais du charme des Plaiſirs*
  *Que nous aurons à nous défendre.*

          UBALDE,

# TRAGEDIE.

## UBALDE, ET LE CHEVALIER DANOIS.

*Redoublons nos soins, gardons-nous*
*Des périls agréables ;*
*Les enchantemens les plus doux*
*Sont les plus redoutables.*

## UBALDE.

*On voit d'ici le séjour enchanté*
*D'Armide & du Heros qu'elle aime !*
*Dans ce palais, Renaud est arrêté*
*Par un charme fatal, dont la force est extrême.*
*C'est-là, que ce Vainqueur si fier, si redouté,*
*Oubliant tout jusqu'à lui-même,*
*Est réduit à languir avec indignité*
*Dans une molle oisiveté.*

## LE CHEVALIER DANOIS.

*Envain, tout l'Enfer s'interesse*
*Dans l'amour qui séduit un cœur si glorieux :*
*Si, sur ce bouclier, Renaud tourne les yeux,*
*Il rougira de sa faiblesse,*
*Et nous l'engagerons à partir de ces lieux.*

## SCENE II.

### UBALDE, LE CHEVALIER DANOIS.

Un Démon sous la figure de LUCINDE, Fille Danoise, aimée du Chevalier Danois. Troupe de Démons transformés en Habitans champêtres de l'Isle qu'ARMIDE a choisie pour y retenir RENAUD enchanté.

### LUCINDE.

*Voici la charmante retraite*
*De la félicité parfaite ;*
*Voici l'heureux séjour*
*Des Jeux & de l'Amour.*

### LE CHOEUR.

*Voici la charmante retraite*
*De la félicité parfaite ;*
*Voici l'heureux séjour*
*Des Jeux & de l'Amour.*

### LUCINDE.

*Il faut que tout aime,*
*Rien n'est si doux ;*
*Le Dieu d'amour même*
*Aima comme nous.*

## TRAGEDIE.

*Les cœurs les plus sages,*
*Et les plus sauvages,*
*S'enflament à leur tour,*
*Quand il plaît à l'Amour.*

*Il faut que tout aime*
*Rien n'est si doux,*
*Le Dieu d'Amour même*
*Aima comme nous.*

Les Habitans Champêtres dansent.

### LUCINDE.

*Les Oyseaux de ces bocages,*
*N'y respirent que l'amour ;*
*Et sous ces charmans ombrages,*
*On les entend nuit & jour*
*Nous dire par leur ramage :*
*Que c'est un doux esclavage,*
*Quand on est sûr du retour.*

### UBALDE, AU CHEVALIER DANOIS.

*Allons, qui vous retient encore ?*
*Allons, c'est trop nous arrêter.*

### LE CHEVALIER DANOIS.

*Je vois la Beauté que j'adore,*
*C'est-elle, je n'en puis douter.*

### LUCINDE, ET LE CHOEUR.

*Jamais dans ces beaux lieux nôtre attente n'est vaine,*
*Le bien que nous cherchons se vient offrir à nous ;*
*Et pour l'avoir trouvé sans peine,*
*Nous ne l'en trouvons pas moins doux.*

### LUCINDE, AU CHEVALIER DANOIS.

*Enfin, je vois l'Amant pour qui mon cœur soupire:*
*Je retrouve le bien que j'ai tant souhaité.*

### LE CHEVALIER DANOIS.

*Puis-je voir ici la Beauté*
*Qui m'a soumis à son empire ?*

### UBALDE.

*Non, ce n'est qu'un charme trompeur*
*Dont il faut garder votre cœur.*

#### LE CHEVALIER DANOIS.

*Si loin des bords glacés, où vous prîtes naissance,*
*Qui peut vous offrir à mes yeux ?*

#### LUCINDE.

*Par une magique puissance,*
*Armide m'a conduit en ces aimables lieux !*
*Et je vivois dans la douce esperance*
*D'y voir bientôt ce que j'aime le mieux.*

*Goûtons les doux plaisirs que pour nos cœurs fidéles*
*Dans cet heureux sejour, l'Amour a préparés.*
*Le devoir par des loix cruelles*
*Ne nous a que trop séparés.*

#### UBALDE.

*Fuyez, faites-vous violence.*

#### LE CHEVALIER DANOIS.

*L'Amour ne me le permet pas,*
*Contre de si charmans appas*
*Mon cœur est sans défense.*

#### UBALDE.

*Est-ce-là cette fermeté*
*Dont vous vous êtes tant vanté ?*

ARMIDE,

LE CHEVALIER DANOIS, ET LUCINDE.

ENSEMBLE.

*Jouissons d'un bonheur extrême.*
*Hé ! Quel autre bien peut valoir*
*Le plaisir de voir ce qu'on aime ?*
*Hé ! Quel autre bien peut valoir*
*Le plaisir de vous voir ?*

UBALDE.

*Malgré la puissance infernale,*
*Malgré vous-même, il faut vous détromper.*
*Ce Sceptre d'or peut dissiper*
*Une erreur si fatale.*

UBALDE touche LUCINDE avec le Sceptre d'or qu'il tient, et LUCINDE disparaît aussi-tôt.

## SCENE III.
### LE CHEVALIER DANOIS, UBALDE.
#### LE CHEVALIER DANOIS.

JE tourne en vain mes yeux de toutes parts,
Je ne vois plus cette Beauté si chere :
Elle échape à mes regards
Comme une vapeur légere.

#### UBALDE.

Ce que l'amour a de charmant,
N'est qu'une illusion qui ne laisse après elle
Qu'une honte éternelle.

Ce que l'amour a de charmant,
N'est qu'un funeste enchantement.

Des charmes les plus forts la raison me dégage,
Rien ne nous doit ici retenir davantage ;

## FIN DU QUATRIEME ACTE.

# ACTE V.

# ACTE CINQUIÉME.
Le théâtre change, et représente
Le Palais enchanté d'ARMIDE.

## SCENE PREMIERE.
RENAUD, ET ARMIDE.

RENAUD,
Sans armes, paré de guirlandes de fleurs.

RMIDE, vous m'allez quitter!

ARMIDE.
J'ai besoin des Enfers, je vais les consulter;
Mon Art veut de la solitude.
L'amour que j'ai pour vous cause l'inquiétude,
Dont mon cœur se sent agiter.
RENAUD.
Armide, vous m'allés quitter.

F ij

ARMIDE,
ARMIDE.
Voyez en quels lieux je vous laisse;
RENAUD.
Puis-je rien voir que vos appas ?
ARMIDE.
Les plaisirs vous suivront sans cesse.
RENAUD.
En est-il où vous n'êtes pas ?
ARMIDE.
Un noir pressentiment me trouble & me tourmente,
Il m'annonce un malheur que je veux prévenir ;
Et plus notre bonheur m'enchante,
Plus je crains de le voir finir.
RENAUD.
D'une vaine terreur pouvez-vous être atteinte,
Vous qui faites trembler le ténébreux séjour.
ARMIDE.
Vous m'apprenez à connoître l'Amour,
L'amour m'apprend à connoître la crainte.
Vous brûliés pour la Gloire avant que de m'aimer,
Vous la cherchiés partout d'une ardeur sans égale :
La Gloire est une Rivale
Qui doit toujours m'allarmer.

## TRAGEDIE.
### RENAUD.
*Que j'étois insensé de croire*
*Qu'un vain laurier donné par la Victoire,*
*De tous les biens fut le plus précieux!*
*Tout l'éclat dont brille la Gloire,*
*Vaut-il un regard de vos yeux?*
*Est-il un bien si charmant & si rare*
*Que celui dont l'Amour veut combler mon espoir?*
### ARMIDE.
*La severe Raison & le devoir barbare*
*Sur les Heros n'ont que trop de pouvoir.*
### RENAUD.
*J'en suis plus amoureux plus la Raison m'éclaire.*
*Vous aimer, belle Armide, est mon premier devoir,*
*Je fais ma gloire de vous plaire,*
*Et tout mon bonheur de vous voir.*
### ARMIDE.
*Que sous d'aimables loix mon ame est asservie!*
### RENAUD.
*Qu'il m'est doux de vous voir partager ma langueur?*
### ARMIDE.
*Qu'il m'est doux d'enchaîner un si fameux vainqueur!*
### RENAUD.
*Que mes fers sont dignes d'envie!*

ARMIDE,
ENSEMBLE.
Aimons-nous, tout nous y convie.
Ah! Si vous aviez la rigueur
De m'ôter votre cœur,
Vous m'ôteriés la vie.

RENAUD.
Non, je perdrai plutôt le jour,
Que d'éteindre ma flamme.

ARMIDE.
Non, rien ne peut changer mon ame.

RENAUD.
Non, je perdrai plutôt le jour,
Que de me dégager d'un si charmant amour.

RENAUD, ET ARMIDE chantent
les derniers vers qu'ils ont chantés séparément,
ENSEMBLE.
Non, je perdrai plutôt le jour,
Que d'éteindre ma flamme.
Non rien ne peut changer mon ame.
Non, je perdrai plutôt le jour,
Que de me dégager d'un si charmant amour.

## TRAGEDIE.

ARMIDE.

*Témoins de notre amour extrême ;*
*Vous, qui suives mes loix dans ce séjour heureux,*
*Jusques à mon retour, par d'agréables Jeux :*
*Ocupez le Heros que j'aime.*

LES PLAISIRS, une Troupe d'Amans fortunés, et d'Amantes heureuses, viennent divertir RENAUD par des chants & par des danses.

## SCENE II.

RENAUD, LES PLAISIRS.
Troupe d'Amans fortunés, et d'Amantes heureuses.

UN AMANT FORTUNE', ET LES CHOEURS.

*LEs Plaisirs ont choisi pour azile,*
*Ce séjour agréable & tranquile :*
*Que ces lieux sont charmans,*
*Pour les heureux amans !*

*C'est l'Amour qui retient dans ses chaînes,*
*Mille oiseaux qu'en nos bois nuit & jour on entend :*
*Si l'Amour ne causoit que des peines,*
*Les oiseaux amoureux ne chanteroient pas tant.*

# ARMIDE,

*Jeunes cœurs, tout vous est favorable,*
*Profitez d'un bonheur peu durable:*
*Dans l'hyver de nos ans, l'Amour ne regne plus,*
*Les beaux jours que l'on perd sont pour jamais perdus.*

*Les Plaisirs ont choisi pour azile*
*Ce séjour agréable & tranquile:*
*Que ces lieux sont charmans,*
*Pour les heureux amans!*

### RENAUD.

*Allez, éloignez-vous de moi,*
*Doux Plaisirs, attendez qu'Armide vous raméne:*
*Sans la Beauté qui me tient sous sa loi,*
*Rien ne me plaît, tout augmente ma peine:*
*Allez, éloignez-vous de moi,*
*Doux Plaisirs, attendez qu'Armide vous raméne.*

LES PLAISIRS, les Amans fortunés, et les Amantes heureuses se retirent.

## SCENE III.
### RENAUD, UBALDE.
### LE CHEVALIER DANOIS.
#### UBALDE.

Il est seul; profitons d'un temps si précieux.
UBALDE présente le Bouclier de diamans
aux yeux de RENAUD.

#### RENAUD.
Que vois-je! Quel éclat me vient frapper les yeux?
#### UBALDE.
Le Ciel veut vous faire connaître
L'erreur dont vos sens sont séduits.
#### RENAUD.
Ciel! Quelle honte de paraître,
Dans l'indigne état où je suis!
#### UBALDE.
Notre Général vous rappelle ;
La Victoire vous garde une palme immortelle,
Tout doit presser votre retour.
De cent divers climats chacun court à la guerre ;
Renaud seul, au bout de la terre,
Caché dans un charmant séjour,
Veut-il suivre un honteux amour ?

G

## ARMIDE,
### RENAUD.
*Vains Ornemens d'une indigne moleſſe,*
*Ne m'offrez plus vos frivoles attraits :*
*Reſtes honteux de ma faibleſſe,*
*Allez, quittez-moi pour jamais.*

RENAUD arrache les guirlandes de fleurs & les autres ornemens inutiles dont il eſt paré. Il reçoit le Bouclier de diamans que lui donne UBALDE, & une Epée que lui préſente le CHEVALIER DANOIS.

### LE CHEVALIER DANOIS.
*Dérobez-vous aux pleurs d'Armide :*
*C'eſt l'unique danger dont votre ame intrepide*
*A beſoin de ſe garantir.*
*Dans ces lieux enchantez la Volupté préſide,*
*Vous n'en ſauriez trop-tôt ſortir.*
### RENAUD.
*Allons, hâtons-nous de partir.*

## SCENE VI.
ARMIDE, RENAUD, UBALDE,
LE CHEVALIER DANOIS.

ARMIDE, suivant RENAUD.

Renaud ! Ciel ! O mortelle peine !
Vous partez, Renaud ! Vous partez !
Démons, suivez ses pas, volez, et l'arrêtez.
Hélas ! Tout me trahit, et ma puissance est vaine !
   Renaud ! Ciel ! O mortelle peine !
   Mes cris ne sont pas écoutez !
   Vous partez, Renaud ! Vous partez !

RENAUD s'arrête pour écouter ARMIDE,
qui continue de lui parler.

Si je ne vous vois plus, croyez-vous que je vive ?
Ai-je pû mériter un si cruel tourment ?
Au moins, comme ennemi, si ce n'est comme amant,
   Emmenez Armide captive.
J'irai dans les combats, j'irai m'offrir aux coups
   Qui seront destinez pour vous :
   Renaud, pourvû que je vous suive,
Le sort le plus affreux me paraîtra trop doux.

## ARMIDE.
### RENAUD.

Armide, il est temps que j'évite
Le peril trop charmant que je trouve à vous voir.
La Gloire veut que je vous quitte,
Elle ordonne à l'Amour de céder au Devoir.
Si vous souffrez, vous pouvez croire
Que je m'éloigne à regret de vos yeux ;
Vous regnerez toujours dans ma mémoire ;
Vous serez après la Gloire,
Ce que j'aimerai le mieux.

### ARMIDE.

Non, jamais de l'amour tu n'as senti le charme.
Tu te plais à causer de funestes malheurs.
Tu m'entens soûpirer, tu vois couler mes pleurs,
Sans me rendre un soûpir ; sans verser une larme.
Par les nœuds les plus doux, je te conjure en vain ;
Tu suis un fier devoir, tu veux qu'il nous sépare.
Non, non, ton cœur n'a rien d'humain,
Le cœur d'un Tigre est moins barbare.

# TRAGEDIE.

*Je mourrai si tu pars, et tu n'en peux douter,*
*Ingrat, sans toi je ne puis vivre.*
*Mais après mon trépas, ne croi pas éviter*
*Mon Ombre obstinée à te suivre:*
*Tu la verras s'armer contre ton cœur sans foi,*
*Tu la trouveras inflexible*
*Comme tu l'as été pour moi;*
*Et sa fureur, s'il est possible,*
*Egalera l'amour dont j'ai brûlé pour toi. . . .*

*Ah! La lumiere m'est ravie!*
*Barbare, es-tu content?*
*Tu jouis, en partant,*
*Du plaisir de m'ôter la vie.*

ARMIDE tombe, et s'évanouit.

RENAUD.

*Trop malheureuse Armide, hélas!*
*Que ton destin est déplorable!*

UBALDE ET LE CHEVALIER DANOIS.

*Il faut partir hâtez vos pas;*
*La Gloire attend de vous un cœur inebranlable.*

RENAUD.

*Non, la Gloire n'ordonne pas*
*Qu'un grand cœur soit impitoyable.*

UBALDE, ET LE CHEVALIER DANOIS,

*Emmenant* RENAUD, *malgré lui.*
*Il faut vous arracher aux dangereux appas*
*D'un Objet trop aimable.*

RENAUD.

*Trop malheureuse Armide, hélas !*
*Que ton destin est déplorable !*

## SCENE DERNIERE.

### ARMIDE.

Le perfide Renaud me fuit ;
Tout perfide qu'il est, mon lâche cœur le suit.

Il me laisse mourante, il veut que je périsse.
A regret je revois la clarté qui me luit ;
    L'horreur de l'éternelle nuit
    Céde à l'horreur de mon suplice.

    Le perfide Renaud me fuit ;
Tout perfide qu'il est, mon lâche cœur le suit.

Quand le Barbare étoit en ma puissance,
Que n'ai-je crû la Haine & la Vengeance !
    Que n'ai-je suivi leurs transports !
Il m'échape, il s'éloigne, il va quitter ces bords ;
    Il brave l'Enfer & ma rage ;
    Il est déja près du rivage,
Je fais pour m'y traîner d'inutiles efforts.

# ARMIDE, TRAGEDIE.

*Traître, atten.. je le tiens.. je tiens son cœur perfide...*
*Ah! Je l'immole à ma fureur...*

*Que dis-je! Où suis-je! Hélas! infortunée Armide,*
*Où t'emporte une aveugle erreur?*

*L'espoir de la vengeance est le seul qui me reste.*
*Fuyez, Plaisirs, fuyez, perdez tous vos attraits.*
*Démons, détruisez ce Palais.*

*Partons, et s'il se peut, que mon amour funeste*
*Demeure enseveli dans ces lieux pour jamais.*

LES DEMONS détruisent le Palais enchanté.
ARMIDE part sur un Char volant.

FIN.

www.ingramcontent.com/pod-product-compliance
Lightning Source LLC
Chambersburg PA
CBHW070653170426
43200CB00010B/2217